양심혁명
양심이 답이다!

양심혁명

양심이 답이다

· 윤홍식 지음 ·

봉황동래

오늘의 제가 있기까지
감당할 수 없는 사랑을 베풀어 주시고
늘 바르게 살도록 경책해 주신
아버지 윤정호님께 이 책을 바칩니다.

 들어가며

여기에 실린 글들은
제가 평생의 화두로 품어 온
'인간의 길'에 대한 탐구에서 얻은
작은 결실들입니다.

저의 체험적 이해로는
인간의 길이란 다른 것이 아니라
'양심을 따르는 삶'이었습니다.
그리고 이 양심만이 우리의 앞길을 비춰 줄
빛이요 진리라는 것을 늘 실감하고 있습니다.

깨어있는 마음으로
일상에서 양심을 실천하는 삶이야말로
인류가 추구해야 할 가장

고귀한 삶이라고 감히 말씀드립니다.

트위터에 올린 짧은 글들과
홍익학당에 올렸던 글들,
양심콘서트에서 했던 강의들을 모아 보았습니다.

이 글을 보시는 분의
내면에 작은 변화가 일어나
스스로의 양심을 확인하는
계기가 되었으면 하는 바람입니다.

이 책을 기획하던 즈음에
마침 한지전시회에 그림 몇 점을
전시하게 되었습니다.
이 책에 그 그림들을 소개합니다.

글과 그림을 함께 음미하시면
더욱 쉽게 내면의 양심과
하나가 되시리라 확신합니다.

전시회에 초청해 주신 영담스님께 감사드립니다.
방대한 양의 트위터의 정리를 도와준
이윤석, 정우준님에게도 감사의 마음을 전합니다.

2013년 7월 20일 새벽 3시
홍익학당 대표 윤홍식

 차 례

들어가며 • 6
한국인이여, 일상에서 깨어나라! • 12

1. 깨어나라 —————————————— 22

초간단 마음리셋법 • 54
"모른다!" 명상의 핵심 • 57
5분 명상 • 61
10분 명상 • 63

2. 참나와 양심 —————————————— 68

참나와 에고 • 102
에고의 분석 • 104
마음을 관리하는 요령 • 106
에고의 찬가 • 112
참나와 현상계 • 114
참나의 뜻을 따르는 삶 • 119
참나와 함께 하는 삶 • 125

3. 양심을 따르는 삶 —————————————— 134

양심잠 • 180
양심노트의 작성요령 • 181

양심분석(양심성찰)의 요령 • 184
깨어있음과 4단확충 • 190
6바라밀을 닦아야 하는 이유 • 194
활연관통 • 198
영성지능을 강화하라! • 201
지혜와 사랑 • 206
남의 의견을 존중하라 • 209

4. 인간의 길 —————————————— 214

인간의 신성한 임무 • 260
영적인 진리의 탐구 • 263
군자의 길, 5단의 실천법 • 269
보살의 길, 6바라밀의 실천법 • 272
진정한 인간의 길 • 278
성현의 길을 묻는 분께 답함 • 287
완전한 인간, 성인의 경지 • 293
우주 대장부의 삶 • 295

5. 정의란 무엇인가? —————————————— 300

양심의 자정작용 • 339
진정한 끌어당김의 법칙 • 342
업력을 극복하는 비결 • 349
인성교육의 핵심 • 353

양심이 답이다! • 357
양심계발 5단계 프로그램 • 392
양심노트 • 402

한국인이여,
일상에서 깨어나라! °

새 천년을 맞이한 인류는 새로운 도전을 맞고 있다. 수천 년간 골방에 감추어 두고 쉬쉬해 오던 인간들의 추한 '욕심'의 쓰레기들이 걷잡을 수 없이 수면 위로 떠오르고 있는 것이다. 현 문명이 직면한 최대의 위기는 그러한 문제점들을 기존의 방식대로, 즉 단순한 이데올로기나 제도의 변혁을 통해 해결할 수 없다는 데 있다.

정치 · 경제 · 환경 · 사회 · 교육 · 종교 등등 어느 분야 하나도 아픈 소리를 내지 않는 곳이 없다. 그 중에서도 가장 아파하고 소외감

° 2000년 10월 4일 진주에서 군복무 중 쓴 글을 다듬은 것으로, 지난 20여 년 불변으로 추구했던 이념이 잘 담겨 있어서 여기에 소개합니다.

에 떨고 있는 것은 바로 우리의 '마음'이다. 하지만 걱정만 할 일은 아니다. 이 혼탁한 탁류 속에서도 맑은 물결이 미미하지만 조금씩 그 힘을 키워 가고 있다. 언젠가는 이 모든 탁류를 정화하리라는 신념으로 말이다. 그것은 바로 여러 성자聖者들의 가르침, 즉 인간 내면의 순수한 영혼인 '참 자아'의 회복에 대한 관심의 증폭이다.

최근 들어 이러한 추세는 더욱 커져만 간다. 어쩌면 이러한 새로운 기류가 인류사를 아주 획기적으로 변화시킬지도 모를 일이다. 암흑을 향해 가는 세계의 한 편에서 무수한 성자들의 가르침이 싹을 키워 가고 있는 것이다.

여러 성자들은 말한다. 인간사 모든 문제의 주범은 결국 이 마음의 '이기적 욕심'이라고. 따라서 각자의 마음 안에서 작은 혁명들이 일어난다면, 결국 이 현상계 전체의 변혁을 가져올 것이라고 말이다.

모든 문제의 해법을 밖에서만 찾고 있는 우리들에게, 이러한 메시지는 우리 자신의 근본적인 변혁이 아니고선 다른 해법이 없음을, 그리고 그러한 변혁을 더 이상 미룰 수 없음을 전해 준다. 이 사회 곳곳에서 마주할 수 있는 이 '이기적 욕심'을 묵과한 채 어떻게 이데올로기와 제도의 개혁을 논한다는 말인가?

'권력'이라는 것이 올바로 사용될 때, 그것을 문제 삼을 사람은 없을 것이다. 하지만 이러한 인류의 오래된 꿈은 참혹한 인권 유린 아니면 전쟁이라는, 항상 비참한 결말로 끝을 맺어 왔다. 그것은 무엇 때문일까?

권력을 얻기 전까지는 항상 정론正論만을 펼치던 정치가들도 권력을 얻고 나면 달라진다. 그는 "사람들을 위해 내가 무엇을 할 것인가?"를 고민하기보다는 "어떻게 하면 '나' 아닌 다른 사람들을 지배하여, '나'의 권력을 오래도록 유지할 수 있을 것인가?"에만 골몰하게 된다. 이것은 바로 '권력욕' 즉 '이기적 욕심' 때문이다. 그리고 이러한 욕심들은 다른 사람들을 위하기보다는 자신만을 사랑하라고 속삭이며, 남을 나처럼 사랑하라고 외치는 '참 자아'의 목소리를 말끔히 지워 버린다.

노력 없는 부자는 없을 것이다. 하지만 이 지구 상에는 인류가 먹고 쓸 충분한 재화가 있음에도 불구하고, 그것들이 소수를 위해서만 쓰이고 있다는 사실을 잊어서는 안 되겠다. 그리고 그러한 일들을 부추기는 것이 바로 인간들의 한계를 모르는 '이기적 소유욕'이라는 사실도 결코 잊어서는 안 될 것이다.

한 사람, 한 사람이 주위의 헐벗은 사람들을 한 명이라도 도울 때 그 자신 또한 이루 헤아릴 수 없는 도움을 동시에 받는다는 사실을, 사람들은 쉽게 망각하며 생각하려고도 하지 않는다. 아주 개인적이고, 지나고 보면 아무것도 아닌 '이기적 욕심' 때문에 말이다.

현실이 그렇다. 우리가 지금까지 이 역사를 유지해 온 것도 실은 이 인류의 '욕심' 때문이었다. 욕심이 없이 어떻게 지금과 같은 문명을 만들고 유지해 올 수 있었을 것인가? 자본주의가 공산주의에 승리한 것도 어떻게 보면 인간의 그칠 줄 모르는 '욕심에 대한 경외' 때문이었다.

'욕심'은 살아있다. 그리고 그 욕심은 결코 '이데올로기' 따위에게 지지 않는다. 왜 그런가? 그 이유는 매우 단순하다. 많은 경우, 바로 욕심이 이데올로기의 주인이기 때문이다. 이데올로기 또한 욕심의 도구가 되어버린 '이념'이니, 인류는 그때그때 필요한 이데올로기들을 만들어 내어, 그들의 욕심을 치장하였으며 더욱 **빠르게** 그것들을 충족시켜 왔던 것이다.

이러한 '욕심'이 만들어 낸 모든 오래 묵은 습관, 못된 습관에서 자신의 마음을 정화하는 것, 그것이 우리가 모색해야 할 길이 아닐까?

그것만이 이 인류가 지금까지의 모든 굴레를 벗어던질 수 있는 가장 간명한 비결이 아닐까? 그것은 인류 누구나 어렴풋이 알고 있으면서도, 쉽게 외면해 왔던 문제의 핵심일 것이다. 이제는 이러한 실상을 직시할 때다. 아무리 가슴이 아프고 피눈물이 흐르더라도 이제는 묵은 때를 도려내야 한다!

우리가 모든 문제의 주범인 지극히 '이기적 욕심'을 정화하기 위해 항상 주의해야 할 것은, 자신의 마음이 각종 상황을 마주할 때마다 그 순간순간의 욕심에 맹목적으로 따라가느냐, 아니면 그 욕심들의 장난질을 깨어있는 정신으로 지켜볼 수 있느냐이다.

모든 성자들은 말한다. 무엇보다 "항상 깨어있어라!" "항상 알아차려라!" 그리고 "이미 지나버린 과거나 아직 오지 않은 미래에서 헤매지 말고, 항상 현존하는 '지금 이 순간'에 머물러야 한다!"라고 말이다.

한 개인의 '욕심의 정화'가 전체 현상계에 무슨 힘을 발휘하겠는가 하고 의문을 표시할지 모르나, 그것 또한 고정관념일 뿐이다. 사회를 억지로 바꿀 수 있을까? 그 또한 결국 각종 이데올로기와 제도의 개혁으로 포장된 소수의 욕심일 뿐이지 않은가?

설사 그렇게 해서 우리의 삶이 바뀐다고 하여도 지금과 무엇이, 얼마나 달라질 것인가? 단지 인간의 욕심이 다른 방식을 빌려서 나타날 뿐이다. '욕심' 자체를 정화시켜야 한다. 최소한 우리는 이러한 욕심의 장난질을 알아차려야 한다.

이 현상계를 현대 학계에서는 '복잡계'라고 말한다. 복잡계란 항상 요동하며 어떤 하나의 논리에 규정되지 않는 개방된 세계를 말한다. 복잡계가 요동하는 이유는 다름이 아니라 인간의 '욕심'이 쉬지 않고 움직이기 때문이다. 욕심이 없는 현상계가 존재할 수 있을까?

멈추지 않는 인간의 욕심은 쉬지 않고 새로운 대상을 갈구한다. 또한 그 요구에 맞춰 끊임없이 새로운 제도·제품·이데올로기·종교 등이 현상계에 나타난다. 이러한 현상계는 욕심을 지배하는 법칙인 '카르마의 법칙' 즉 '인과법칙'에 따라 움직인다. 하지만 이러한 카르마의 법칙의 전 과정을 완전히 파악하기에는 의식에 한계가 있다.

우리는 현상계의 여러 현상들 간의 관계를 단 하나의 원인과 결과로 설명할 수 없다. 이 우주에는 너무도 많은 원인이 있고 너무도 많은 결과가 있다. 우리는 그것들을 인간의 '주관적인 해석'으로 파악할 뿐이다. 이러한 요인 때문에 아무리 완벽한 설계도를 그리고 계획을 짠다고 하더라도, 그것이 그대로 현실화되는 일이 극히 드문 것이다.

그러나 반면에 이러한 복잡하고 모순적인 현상계는, 우리가 보기에는 너무도 미미해 보이는 아주 작은 몸짓에 의해서도 일파만파一波萬波가 되어 언제든지 전체가 하루아침에 뒤바뀔 수도 있는 것이다. 단 그것이 주변으로 공명共鳴하여 퍼질 수 있다면 말이다. 이것이 끊임없이 요동하는 현상계의 특징이다.

이러한 현상계에서 먼 미래를 예측한다는 것은 그다지 큰 의미가 없다. 상황은 계속해서 변해 갈 뿐이다. 무엇보다 중요한 것은, 순간 순간의 변화가 갖는 변화의 낌새를 '통찰'하는 것이다. 명나라의 철학자 왕양명 선생은 '앞날의 예측'에 대해 물은 제자에게, "그러한 의도 자체가 욕심의 소산일 뿐이다!"라고 질책한 뒤, "선악이 갈리는 순간순간의 낌새를 잘 알아차려라!"라고 하였다.

미래를 알고자 하는 욕심을 버리고, 매 순간 자신의 양심에 당당한 나와 남 모두를 배려한 선택을 하기만 하면 된다. 그런 선택은 필연적으로 나와 남 모두를 행복으로 인도할 것이다. 한 개인이 자신의 '욕심'을 정화하여 순수한 '양심'으로 돌아갈 때, 그 순수한 '영혼의 밝은 빛'은 주위에 퍼질 것이다. 그리고 이러한 빛은 또 다른 빛의 존재를 일깨울 것이다. 그리고 어느 순간 이 지구 전체가 온통 빛으로 물들게 될 날이 올지도 모르는 일이다.

그러한 순간은 우리가 예상하는 것보다 훨씬 빨리 이 현상계에서 이루어질 수도 있다. 그러기 위해선 무엇보다 우리는 인류정화의 최대 적인 우리 자신의 '이기적 욕심'을 정화해야 한다. 이기적 욕심들을 '대아적 양심'으로 전환시켜야 한다.

우리가 우리 자신의 마음 안에서 일어나는, 이러한 조그만 혁명들을 철저히 이해하는 것만으로도 우리는 변화하기 시작할 것이다. 그리고 그 이해의 깊이에 따라, 체험의 깊이에 따라 그만큼의 빛을 자신의 주위에 내뿜기 시작할 것이다. 이것은 비단 우리나라에 국한될 것이 아니다. 이러한 빛은 지구 전체를 변화시킬 것이다. 태양의 빛을 누가 막을 수 있겠는가?

태양처럼 사심 없는 빛을 뿜어낼 수 있는 '빛의 존재'들이 많아진 사회에서는, 더 이상 옛 제도와 옛 관습 · 옛 이데올로기는 통하지 못할 것이다. 이미 사회 전체가 질적으로 달라져 있을 것이기 때문이다. 개개인의 자발적 변화가 사회 전체의 변화를 가져올 것이다.

하지만 전체가 변하기 위해서는 우선 '한 사람'이 변해야 한다. 그리고 그 '한 사람'은 바로 '우리 자신'이 되어야 할 것이다. 주위를 둘러보지 말자. 나부터 변화하자!

'생각'과 '감정'에 빠지지 말고 오직 생각과 감정을
'알아차리는 자'로 존재해 보십시오.

1
깨어나라

01

컴퓨터처럼, 우리의 마음도 리셋을 해 가면서 써야 늘 새로울 수 있습니다. 우리를 힘들게 하는 고민들에 대해, 단 1초라도 진심으로 망각해 보는 것이 '초간단 마음리셋법'입니다. 마음이 초기화되면, 고민을 새로운 방식으로 다룰 수 있게 됩니다.

02

지금 이 자리에서 '분별심'만 내려놓으면 곧장 우리 내면의 '불성'을 깨달을 수 있으며, '불성'을 깨달을 때 '참된 믿음'이 이루어진다는 내용을 담은, 3조 승찬 스님의 『신심명 강의』를 유튜브에 올립니다.

여기에 실린 짧은 글들은 트위터에 올렸던 글들을 주제별로 정리하고, 관련 글들을 추가한 것입니다. 트위터에 올렸던 글들은 최대한 원문을 그대로 실었습니다.

03

지금 이 순간, 곧장 생각을 내려놓을 수 있다면, 본래의 순수한 모습이 저절로 드러나, 태양이 하늘 높이 솟구쳐 우주를 밝게 비추는 것과 같아서 조금도 막힘이 없을 것이다.

_황벽 스님, 전심법요

04

스스로에게 "내 이름은 무엇인가?"라고 묻고, "몰라!"라고 선언하며, 자신의 이름을 완전히 잊고 자신의 존재감에만 집중해 보십시오. 고요하되 또렷한 이 존재감이야말로, 우리의 본래 모습입니다. 모든 것을 잊고 이 자리에서 푹 쉬며 자신을 충전하십시오.

05

다만 '모른다는 것'만 똑똑히 알면 되니, 이것이 자신의 '본성'을 보는 것이다!

_보조 지눌, 수심결

06

작은 자아인 '에고'의 번뇌와 불안과 독선은, 이들을 외면하고 초연한 마음에 관심을 돌릴 때, 곧장 사랑과 용기와 지혜로 변화할 것입니다. 이것이 바로 '영적 연금술'입니다.

07

'생각'과 '감정'에 빠지지 말고 오직 생각과 감정을 '알아차리는 자'로 존재해 보십시오. 생각과 감정은 쉴 새 없이 일어나고 사라지나, 그것을 '알아차리는 자'는 오고 감이 없습니다. 늘 그러한 이 자리야말로 우리의 본래 모습입니다.

08

생각과 감정과 오감에 물들지 않으면서, 이들의 오고 감을 늘 '알아차리는 자'는 '에고'의 뿌리인 '참나'입니다. 그래서 예수님은 이 자리를 '아빠(Abba)'라고 부른 것입니다.

09

'에고'는 고독과 불안이 그 본성이나, '참나'는 충만과 평온이 그 본성입니다. 본성상 불안한 에고와 다투지 않고 본래 평온한 '참나'를 곧장 직시하는 것, 이것이야말로 우리의 내면을 곧장 평화롭게 하는 최고의 비법입니다.

10

과학적으로 입증되었듯이, 왼쪽 전전두피질이 활성화되면 우리는 긍정적이 되고, 양심적이 되며, 지혜로워집니다. 왼쪽 전전두피질을 활성화시키는 비법은 바로 '명상'입니다. 지금 곧장 자신이 아는 명상법을 실천해 보십시오! 그리고 밝아지는 내면을 느껴 보십시오.

11

나는 생각이 일어나고 머물고 사라지는 것을 알아차리는 '바라보는 자'일 뿐이다. 자신의 생각과 자신을 동일시하지 않고 사는 것이 생각을 초월하여 살아가는 법이다.

_ 윤홍식, 선문답에서 배우는 선의 지혜

12

우주가 '빅뱅'으로 탄생하듯이, 우리도 매일 빅뱅을 체험합니다. '깊은 잠'은 빅뱅 이전의 고요이며, '잠에서 깸'은 우주의 탄생인 빅뱅이며, '깨어서 활동함'은 우주의 펼쳐짐입니다. 평범한 일상에 담긴 우주적 의미를 잘 음미하며 살아가야겠습니다.

13

과거는 사라지고 없습니다. 미래는 아직 오지 않아서 없습니다. 오직 존재하는 것은 '지금 이 순간' 뿐입니다! 지금 이 순간 자신이 하는 일에 마음을 모아 보십시오. 나와 나를 둘러싼 모든 것들이 더욱 선명하고 생생하게 느껴질 것입니다.

14

우리가 일체의 생각을 멈추고 침묵할 때, 우리의 내면은 환해지게 된다. 투명할 정도로 선명해지게 된다. 일체의 '알음알이'를 초월할 때, 청정한 '알아차림'이 빛나게 된다.

_ 윤홍식, 선문답에서 배우는 선의 지혜

● 15

타고난 '참 마음'을 잘 챙기는 것이 최고의 정진이다.

_윤홍식 역, 선가귀감

● 16

나비의 날갯짓이 태풍을 몰고 올 수 있듯이, 한 개인이 자신의 '욕심'을 정화하여 '순수한 마음'으로 돌아갈 때, 그 순수한 '영혼의 빛'은 그 주위를 밝히고, 나아가 지구 전체를 밝힐 수도 있는 것이다. 먼저 자신의 내면에서 작은 혁명을 일으켜 보자!

17

우울하고 현실이 힘들 때는, 곧장 "감사합니다!"를 5분만 마음속으로 암송해 보세요. 다른 생각이 일어날수록 더욱 힘껏 암송해 보세요. 놀라운 기적이 일어날 것입니다. 감사하다는 느낌을 실감 나게 상상할수록 더욱 효과가 좋을 것입니다.

18

어떠한 번뇌·망상도 "모른다!"를 당할 수는 없다. 이들은 우리의 관심을 먹고 자란다. 무관심은 그들에게 치명적인 독약이 된다. "나는 모르겠다!"라고 선언함으로써 단박에 일체의 생각·분별을 넘어설 수 있다.

_ 윤홍식, 선문답에서 배우는 선의 지혜

19

지금 힘들고 초조하고 불안하십니까? 조금도 걱정하지 마십시오. 우리에겐 흔들리는 마음이 있듯이, 늘 고요하여 흔들리지 않는 마음도 있습니다. 잠시 자신의 '이름'만 잊고 푹 쉬어 보십시오! 푹 쉬는 그 마음, 바로 그 자리입니다.

20

우리가 아무리 힘들지라도 내면의 늘 고요한 '중심'에 안주할 수만 있다면, 무한한 평안과 긍정과 에너지가 터져 나올 것입니다. 이 무한한 힘을 온몸으로 느끼며 하루하루를 살아가는 것, 그 이상의 희열은 없습니다!

21

@˚ 우리의 본래 자리는 이름이 없습니다. 굳이 이름을 붙이자면 '텅 빈 각성'일 뿐입니다. 힌두교에서 말하는 것이 진실로 이 '텅 빈 각성'을 말하는 것이라면, '아트만'이라고 부르는 것이 무슨 문제이겠습니까?

22

우리의 '경험적 자아'(에고)는 살아온 기억, 무수한 선택의 결과에서 자유롭지 못합니다. 이러한 에고를 대표하는 우리의 '이름'을 잠시만 망각하고 존재해 보십시오! 우리의 때 묻지 않은 '순수한 자아'(참나 · 양심)를 만날 것입니다.

˚ 트위터로 올린 글 중에 특정인에게 보낸 글들은 @의 표시를 하여 다른 글들과 구분하였습니다.

23

잠시 자신의 '이름'을 잊고 존재해 보면, 나와 남을 가르지 않고 하나로 느끼는 상태에 이르게 됩니다. 이 상태를 유지하며 나와 남 모두가 "행복하다!"라고 선언하고 실감 나게 느껴 보십시오. 나와 남 모두의 행복을 기원하는 가장 효과적인 방법입니다.

24

'최상의 참선'은 마음을 텅 비워 고요하게 하는 것이 아니라, 본래 고요하여 움직일 수 없는 '알아차리는 자'를 곧장 되찾는 것입니다.

25

하느님의 왕국은 눈에 보이는 것들로 오지 않는다. 또한 "보라, 여기에 있다!"거나 "저기에 있다!" 하고 말할 수도 없을 것이다. 사실 '하느님의 왕국'은 그대들 가운데 있다.

_누가복음

26

상황에 따라 일어나는 좋다, 싫다 가르는 마음을 곧장 무시하고, 통으로 수용하면 삶은 그대로 청정할 뿐입니다. 이런 삶을 숭산 스님은 "오직 모를 뿐!" "오직 할 뿐!"이라고 하셨고, 대행 스님은 "주인공에게 믿고 맡기는 삶!"이라고 하셨습니다.

● 27

일어나는 모든 분별심을 '부처님'께 맡기십시오! 곧장 내면이 청정해지며 나와 부처님이 본래 둘이 아님을 깨닫게 될 것입니다. 일어나는 모든 분별심을 '하느님'께 맡기십시오! 또한 깊은 평화와 함께 나와 하느님이 본래 둘이 아님을 깨닫게 될 것입니다.

● 28

"참나를 찾아야 한다!"라는 생각도 '분별심'입니다. 그런 생각에 머무는 한에는 영원히 '참나'를 찾지 못합니다. 그 생각도 말끔히 무시할 수 있어야 합니다. 그냥 "모를 뿐!"입니다.

●29

자신의 '마음'을 극치에 이르게 하면 자신의 '본성'을 알 수 있다. 자신의 본성을 알면 '하느님'을 알 수 있다.

_윤홍식 역. 맹자

●30

@ 내가 내 마음을 깨닫는 데 무슨 장벽이 있겠습니까!

31

　　　　진정한 '명상'은 생각 · 감정 · 오감을 부정하는 것이 아니라, '순수의식의 각성'을 통해 생각 · 감정 · 오감을 질적으로 변화시키는 것입니다. 이것이야말로 진정한 '신비'입니다.

32

　　　　잠시만 시간을 내십시오. 5분이면 충분합니다. 자신이 지금 숨을 들이쉬고 있는지, 내쉬고 있는지, 주의를 기울여 보십시오. 잡념이 일어나면 "몰라!"라고 선언하십시오. 오직 지금 이 순간 자신의 숨결만 바라보세요. 우리 마음은 곧장 리셋될 것입니다.

33

지금 이 순간에 존재하십시오. 지금 이 순간만을 느끼십시오. '생각'은 과거와 현재와 미래의 분별 속에만 존재합니다. 오직 지금 이 순간뿐입니다! 이 자리에는 생각이 붙지 못합니다. 생각이 붙지 못하는 '지금 이 순간'은 그대로 '영원'이 됩니다.

34

'지혜'가 없음을 탓하지 마십시오. '의지'가 약함을 탓하지 마십시오. '사랑'이 부족함을 탓하지 마십시오. 오직 '깨어있지 못함'을 탓하십시오. '깨어있는 마음'은 본래 지혜롭고 본래 강하며 본래 자비롭습니다!

35

@ 5온°의 일어나고 사라짐을 관조하는 '대상에 물드는 관조자'는 연기일 뿐이나, 5온에 물들지 않으며, 일체 5온의 생멸의 바탕이 되는 거울과 같은 '관조자 그 자체'는 연기를 초월한 불멸의 니르바나 그 자체라고 봐야 할 것입니다.

36

@ 술에 취하면 5온이 취한 상태에서 작동할 뿐이죠. 5온을 초월한 자리가 참나이니 술에 취해도 조금도 취하지 않은 자리가 참나입니다.

○ 5온五蘊 : ① 색色(표상) ② 수受(느낌) ③ 상想(생각) ④ 행行(의지) ⑤식識(식별)의 현상계를 구성하는 5가지 요소를 말함.

37

@ 5온이 소멸한다고 믿는 곳은 힌두교의 일부와 소승불교입니다. 대승불교는 5온이 소멸한다고 보지 않습니다. 저는 대승이 맞다고 봅니다. 5온은 변화할 뿐 소멸하지 않습니다. 참나가 존재하는 한 5온도 영원합니다.

38

@ 5온은 무상하게 변화합니다. 그러나 참나라는 뿌리가 있는 한 5온도 영원합니다. 무상하다는 것은 변화한다는 것일 뿐입니다. 5온은 시시각각 변화하나 그 자체는 영원하다는 것이죠. 누구에게나 동일합니다. 이것이 윤회죠.

39

@ 반야심경의 가르침은, 5온은 무상하나 그 본질은 불생불멸하는 공空(참나·열반)이니, 둘은 본래 하나라는 것입니다. 5온과 참나는 서로 구별되면서도 서로 떠나지 않는다는 것입니다.

40

@ 에고는 과거에서 자유로울 수 없습니다. 에고 차원에서 즉각 벗어나십시오. "모른다!" "괜찮다!"라고 진지하게 선언하십시오. 그러면 과거에서 자유를 얻을 수 있습니다. 매 순간 과거를 내려놓고 사십시오.

41

@ 바다와 파도의 비유는 둘이 본래 하나라는 비유일 뿐입니다. "공즉시색空卽是色 색즉시공色卽是空"이라는 가르침을 명심하십시오. 참나가 존재하는 한 5온의 에고도 영원한 것입니다. 그래서 대승불교에서는 부처는 가장 뛰어난 5온을 갖추고 있다고 합니다.

42

소승불교는 에고가 소멸할 때 진정한 열반을 얻으리라는 가르침이며, 대승불교는 에고가 결코 소멸하지 않는다는 것을 깨닫고, 에고를 원만하게 닦아 뛰어난 지혜와 자비로, 나와 둘이 아닌 다른 에고들을 구제하자는 가르침입니다.

43

@ 참나에는 본래 선악이 없고 에고에는 선악이 있습니다. 둘을 혼동하지 마십시오. 당연히 안으로는 선악초월의 참나로 살아가되, 현실에서는 늘 선을 실천할 수 있어야 중도를 걷는 보살입니다.

44

번뇌·망상도 모두 이유가 있어서 떠오른 것입니다. 번뇌·망상에 끌려가지 않는 초연한 마음을 유지할 수 있다면, 번뇌·망상은 '지혜'를 이루는 소중한 재료가 될 것입니다.

45

어떠한 욕망과 불안도 없는 상태, 심지어 깨달음에 대한 갈구마저 내려놓은 상태, 잠깐이라도 이러한 상태에 머물러 보십시오! 이 자리야말로 우리의 순수의식입니다. 순수의식에 머무는 것 이상의 '힐링'은 없습니다. 순수의식은 모든 오염된 것을 치유합니다.

46

'깨어있는 마음'은 모든 선과 공덕의 뿌리이며, '깨어있지 못한 마음'은 모든 악과 패덕의 뿌리입니다. 지금 곧장 깨어나십시오! 내면에서 온갖 선과 공덕이 샘솟는 것을 허용하십시오!

47

깨어있음을 추구하지 마십시오! "깨어나야 하는데…"라고 조급해하지 마십시오. 깨어있지 못한 상태가 연장될 뿐입니다. 어떠한 갈망이나 불안도 없는 상태가 바로 깨어있는 상태니까요.

48

진리를 모른다는 생각도 하지 말자! 진리를 알고 싶다는 생각도 하지 말자! 둘 다 나를 '형상'에 빠뜨릴 뿐이다. 그냥 존재하자! 오직 모를 뿐이다!

_ 윤홍식, 선문답에서 배우는 선의 지혜

49

아주 미세한 깨어있음과 평온함으로도 충분합니다. 그 느낌에만 집중하시면 됩니다. 단 1%의 느낌이라 할지라도 우리가 온전히 집중한다면 100%가 될 것입니다.

50

어떤 수행을 하건, 에고가 할 말을 잃을 때 참나는 드러납니다. 답할 수 없는 질문을 던지건(간화선), 일심으로 부처님만 염하건(염불선), 곧장 참나만을 돌아보건(반조선), 심신의 변화만을 알아차리건(위빠사나), 에고가 침묵할 때 우리는 깨어납니다.

51

'참나'란 별다른 존재가 아닙니다. 우리의 생각·감정이 침묵할 때 느껴지는, 탐진치가 없는 밝고 평온한 의식일 뿐입니다. 사실 누구나 일상에서 조금씩 느끼는 자리입니다. 이 자리는 본래 이름이 없습니다. 편의상 '참나·열반'이라고 부를 뿐입니다.

52

남전에게 조주가 물었다. "어떤 것이 도道입니까?" 남전이 대답하였다. "평상심 그대로가 도이다." 조주가 물었다. "그래도 뭔가를 추구해야 하는 것 아닙니까?" 남전이 대답하였다. "추구하면 어긋나게 될 것이다."

_ 윤홍식 역, 선문답에서 배우는 선의 지혜

53

@ 상주와 단멸, 유와 무를 초월한 자리가 바로 텅 빈 각성입니다.

54

청산도 절로 절로 녹수도 절로 절로 산절로 수절로 산수 간에 나도 절로 아마도 절로 난 몸이라 늙기도 절로 절로

_ 하서 김인후, 자연가

55

시공을 초월한 참나와 하나가 되는 순간, 우리는 다시 태어난다! 묵은 업에서 초월하여 새로운 존재가 된다. 묵은 과거와 결별하는 최고의 비법은, 참나와 하나가 되어 시간성을 초월하는 것이다.

56

태양이 뜨면 지구는 자연히 밝아지고 따뜻해지고 생기가 넘치듯이, 영혼의 중심이자 영적인 태양인 참나가 밝게 드러나면, 우리의 에고는 자연히 지혜로워지고 자비로워지며 활력이 넘치게 됩니다. 어둠 속에서 헤매지 말고 곧장 태양을 찾으십시오.

57

'깨어있음'(경敬)은 별다른 물건이 아니다. 단지 그대의 정신을 하나로 모아서, 지금 여기에 온전히 집중하는 것일 뿐이다.

_주희, 주자어류

58

예수님께서 말씀하시길 "모든 것을 다 알아도 '자신'을 모르는 사람은 아무 것도 모르는 자이다."라고 하셨다.

_도마복음

1. 깨어나라

초간단 마음리셋법

컴퓨터나 인간이나 쓰면 쓸수록
속도가 느려지고 잡음이 껴서 답이 없어지며,
시야가 좁아진다.
마음을 수시로 리셋하여 초기화해야 한다!

1.

과거는 이미 사라져 존재하지 않고
미래는 아직 존재하지 않으며
오직 '지금 이 순간'만 존재한다는 것을 명심하고,
마음이 과거나 미래를 향하지 않도록
오직 지금 이 순간의 '호흡'에만 몰입한다.

2.

'시간'을 잊어버린다.
"지금 몇 시인가?"를 마음속으로 묻고
"모른다!"라고 답하고, 진실로 모르는 일이라고
실감 나게 상상한다.

3.

'장소'를 잊어버린다.
"지금 어디인가?"를 마음속으로 묻고
"모른다!"라고 답하고, 진실로 모르는 일이라고
실감 나게 상상한다.

4.

'자신'을 잊어버린다.
"내 이름은 무엇인가?"를 마음속으로 묻고
"모른다!"라고 답하고, 진실로 모르는 일이라고
실감 나게 상상한다.

5.

잡념이 일어나고 사라짐을 신경 쓰지 않고
오직 '모르는 마음'을 유지하는 것에 신경을 쓴다.
잡념을 없애려 하지 말라.
잡념에 관심을 주지 않는 것으로 충분하다.
의식의 초점은 분명하되
잡념을 느끼지 못하게 되어
마음이 고요해지고 선명해지면,
비록 잠깐일지라도 마음이 '리셋'된 것이다.

"모른다!" 명상의 핵심

에고는 차가운 쇠공이요
참나는 뜨거운 불입니다.
그래서 에고는 참나를 만날 때만
뜨겁게 타오릅니다.
참나와 잠깐만 떨어지게 되면
에고는 곧장 식어버리게 됩니다.

에고를 탓하지 마세요.
성인들의 에고도
우리의 에고처럼 차가운 쇠공입니다.
다만 그들은 쇠공을 식게
내버려 두지 않습니다.

그들은 늘 깨어서 참나와 함께 하기에
그들의 에고는 늘 뜨겁게 타오르고 있습니다.

모든 선의 근원은 참나(불)이나
선도 악도 에고(쇠공)를 통해서만 표현됩니다.
식어버린 에고는 모든 악의 도구가 될 뿐이며
타오르는 에고는 모든 선의 도구가 됩니다.

핵심은 에고가 지금 이 순간 식어 있느냐
타오르고 있느냐에 있을 뿐입니다.
에고가 죄를 짓게 하지 마십시오.
에고가 차갑게 식어 가도록 방치하지 마십시오.

늘 참나를 돌아보십시오.
늘 참나와 함께 하십시오.
늘 불처럼 타오르십시오.
뜨겁게 달궈진 쇠공이 그대로 타오르는 불이듯
뜨거워진 에고는 참나와 둘이 아니게 됩니다.

"모른다!"는 에고를 곧장 타오르게 합니다.

지금 이 순간 에고가 하던 일을 멈추고
곧장 참나와 하나가 되게 합니다.

"모른다!"야 말로
중심 자리인 참나로 향하게 하는
궁극의 기도이자
궁극의 화두이자
궁극의 만트라입니다!
오직 모를 뿐입니다.

불길이 조금이라도 약해지면
에고의 이기심이 다시 드러나게 됩니다.

지금 자신을 돌아봤을 때
두렵고 불안하고 답답하다면
불이 식어서 그런 것입니다.

에고와 다투지 말고
곧장 참나의 불길로 에고를 달구세요.

이것이 에고를 다루는 비결입니다.

차가운 쇠공 상태에서는 답이 나오지 않습니다.

5분 명상

잠시만 시간을 내십시오. 5분이면 충분합니다.
자신이 지금 숨을 들이쉬고 있는지, 내쉬고 있는지,
주의를 기울여 보십시오.

잡념이 일어나면 "몰라!"라고 선언하십시오.
오직 지금 이 순간 자신의 숨결만 바라보세요.
우리 마음은 곧장 리셋될 것입니다.

스스로에게 "내 이름은 무엇인가?"라고 묻고,
"몰라!"라고 선언하며,
자신의 이름을 완전히 잊고
자신의 '존재감'에만 집중해 보십시오.

고요하되 또렷한 이 존재감이야말로
우리의 본래 모습입니다.
모든 것을 잊고 이 자리에서 푹 쉬며
자신을 충전하십시오.

지금 힘들고 초조하고 불안하십니까?
조금도 걱정하지 마십시오.
우리에겐 흔들리는 마음이 있듯이,
늘 고요하여 흔들리지 않는 마음도 있습니다.

잠시 자신의 '이름'만 잊고 푹 쉬어 보십시오!
푹 쉬는 그 마음, 바로 그 자리가
바로 '참나'의 자리입니다.

 유튜브(YouTube): 윤홍식의 5분 명상

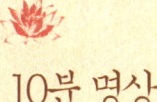
10분 명상

자, 눈 감으시고요,
지금 여기가 어딘가라고 물어보십시오.
"모른다!"라고 하시고요,
"모른다!"라고 하시면 정말 모르게 됩니다.
뇌는 판단을 멈추게 됩니다.

몇 시인가 물어보십시오.
"모른다!"라고 하십시오.

"모른다!"라고 하시고요,
자신의 호흡만 느껴보십시오.
들어오고 나가는 호흡만 바라보십시오.

과거는 사라지고 없습니다.
미래는 아직 오지 않았고요.
존재하는 것은 이 순간밖에 없습니다.

지금 이 순간 들어오고 나가는 호흡만 바라보십시오.
지금 이 순간 할 수 있는 가장 고귀한 일입니다.

잡념이 일어나면 "모른다!" 하시고요,
또 "괜찮다!" 하십시오.

어깨에 힘 빼시고요,
입가에 미소를 지으십시오.
지금 이 순간을 깊이 만족해 보십시오.
부족한 게 하나도 없습니다.

숨이 들어와서 내 몸에서 일어나는 일을 관찰해 보십시오.
숨이 나가면서 일어나는 일도 관찰해 보십시오.
숨을 느끼고 관찰하기만 하십시오.
인위적인 조절을 하지 마시고요.

"모른다!"를 이겨 낼 수 있는 잡념은 없습니다.
"모른다!"라고 하십시오.
"몰라서 괜찮다!"라고 하십시오.

"모른다!"라고 하실 때마다
더욱 깊은 내면으로 들어가실 겁니다.

'호흡'을 빈틈없이 알아차리시고요.

단전이 있는 아랫배 쪽으로
몸의 에너지가 내려가는 것을 느껴 보십시오.
머릿속은 텅 빈 것처럼 됩니다.
어떤 생각도 할 수가 없고요.
오직 호흡을 알아차릴 뿐입니다.

어깨에 힘 빼시고요.
"편안하다!"라고 하십시오.

어떠한 고민도 없고 번뇌도 없는 상태를 즐기십시오.

과거도 미래도 아닌
지금 이 순간 호흡에 집중하십시오.

들어오는 느낌을 관찰하시고요,
나가는 느낌을 알아차리십시오.
지금 이 순간 더 필요한 것은 없습니다.

마음을 불편하게 하는 모든 것들에 대해
"모른다!" "괜찮다!"라고 하십시오.

마치겠습니다.

유튜브(YouTube): 윤홍식의 10분 명상(10분용)

인간은 '욕망의 억압'이나 '욕망의 충족'이 아닌,
'양심의 확충'을 통해서만 참된 자유를 얻을 수 있다.

2
참나와 양심

01

이기적인 마음인 '욕심'을 잠시 내려놓을 때 느껴지는, 맑고 밝은 마음이 바로 '양심'입니다. 자신을 대표하는 '이름'만 잠시 잊고 존재해 보십시오! 이기적인 욕심은 가라앉고, 사랑과 정의로 충만한 양심은 활짝 피어날 것입니다.

02

어떠한 욕심이 일어나건 "모른다!"라고 선언하고 내려놓으십시오. 우리의 욕심이 고요해진 자리에 '양심'이 선명히 드러날 것입니다. 선명히 느껴지는 양심에 부끄럽지 않은 삶을 사십시오. 양심을 따르는 삶만이 가장 가치 있는 삶이며, 가장 온전한 삶입니다.

03

맹자가 이렇게 말했습니다. "인간이 동물과 다른 부분은 아주 적다. 그런데 일반 사람들은 이 부분을 버리고, 군자는 이 부분을 잘 보존한다." 그것은 바로 우리의 '양심'입니다. 양심을 버리는 순간, 우리는 동물과의 차이를 잃고 맙니다. 참 쉽죠.

04

@ 양심은 순수한 마음이자 이기심을 초월한 마음이라⋯ 자신의 입장만 생각하는 마음이 양심을 가리는 주범입니다. 최소한 중요한 선택의 순간에라도 "내가 나만 생각하고 있지 않은가?"를 깊이 반성해 보고 선택하면 양심을 보전할 수 있을 것입니다.

05

우리가 사는 세계에선 '완성'이란 없습니다. 우리는 다만 지금 이 순간 자신이 하는 일에 정신을 오롯이 집중하고, 더 나은 방향을 통찰하면서 앞으로 나아갈 뿐입니다! 따라서 결과에 대한 '집착'보다 지금 이 순간의 '균형'이 중요합니다.

06

하느님께서 인간에게 명령하신 것이 '인간의 본성'이요, 그 본성을 잘 따르는 것이 '인간의 길'이며, 인간의 길을 누구나 쉽게 걸을 수 있도록 잘 정비하는 것이 '교육'이다.

_ 윤홍식 역, 중용

07

우리의 '양심'은 옳고 그름을 명확히 식별할 수 있는 능력이 있으며, 남과 공감할 수 있는 능력이 있다. 따라서 우리 마음속에 어떤 '대상'(사물)이 들어오건, '양심'에 충실하게 대상을 처리하기만 하면, 우리는 늘 바른 길을 걸을 수 있다.

08

'마음'을 통하지 않고 '사물'을 파악할 수 있는 사람은 없습니다. 그러니 "일체는 오직 마음!"이라고 하는 것입니다. 이 진리를 깨달을 때, 우주도 나와 둘이 아닌 존재로 피어날 것입니다.

09

우리는 우리의 '마음'을 통해서만 세상을 보고 듣고 느낍니다. 사실 우리는 태어나서 죽을 때까지 우리 각자의 '마음'만을 느끼고 살아가는 것입니다. 그러니 우리가 사는 세상을 바꾸고 싶다면, 먼저 우리의 마음을 바꿀 수 있어야 합니다.

10

사랑, 정의, 지혜, 행복 등 소중한 가치들은 모두 우리 '마음'속에서만 찾을 수 있는 것들입니다. 먼저 우리의 마음속에서 이 가치들이 아름답게 피어날 때, 우리가 사는 이 세상은 아름답게 변화할 것입니다.

11

'철학'은 내면의 본성 즉 자연법에 의거하여 선과 악을 이성적으로 투명하게 밝히는 것일 뿐이다. 선악의 기준을 멋대로 정하거나, 그 기준을 밖에서 구할 수 있는 것이 아니다.

12

우리를 괴롭히는 것은 '불행' 그 자체가 아니다. 우리를 괴롭히는 것은 그 일에 대한 우리의 '관념'이다.

_ 에픽테토스, 담화록

13

내면의 신성(양심)이 지니는 충만과 빛과 자비를 온몸으로 느끼며, 이를 자신의 삶 속에서 최선을 다해 표현하는 사람이야말로 '진정한 철인'입니다.

14

어떠한 악도 짓지 마라. 일체의 선을 받들어 행하라. 그리고 마음을 청정하게 하라. 이것이 붓다의 가르침이다.

_ 일곱 붓다의 공통된 가르침, 법구경

15

모든 일이 그대가 원하는 대로 일어나기를 바라지 마라. 오히려 일어나는 대로 받아들여라. 그러면 그대는 늘 행복하게 살아갈 수 있다.

_에픽테토스, 담화록

16

마음에 떠오른 대상을 양심에 합당하게 처리하면 '선'이요, 양심에 어긋나게 처리하면 '악'이다. '선악'은 전적으로 대상을 다루는 '마음'에 달린 것이다. 바깥 대상을 바로잡고 싶다면, 먼저 마음을 바로잡아야 한다.

17

남이 알아주지 않아도 성내지 않으면 군자가 아니겠는가? (공자, 논어) 선한 사람은 자신이 행복 속에서 산다는 것을 남이 믿어 주지 않더라도 누구에게도 화내지 않는다. (마르쿠스 아우렐리우스, 명상록)

18

"피할 수 없다면 즐겨라!" 이것은 인생을 즐겁게 사는 비결입니다. 그런데 여기서 명심할 것이 있습니다. 피할 수 있는지 없는지 여부를 빨리 판단할수록, 더욱 즐거운 삶을 살 수 있다는 사실입니다.

19

'양심'을 찾고 보면, 그 자리엔 나와 남이 없으니 사랑(仁)이 절로 나오며, 그 자리엔 불의가 없으니 정의(義)가 절로 나오며, 그 자리엔 의심이 없으니 지혜(智)가 절로 나오며, 그 자리엔 교만이 없으니 예절(禮)이 절로 나온다.

20

관찰해 보십시오! 지금 이 순간 '무엇'이 있어 울고 웃는지? 지금 이 순간 '무엇'이 있어 보고 느끼는지? '그 자리'가 없었다면 어떻게 우리가 생각하고 말하고 보고 느낄 수 있겠습니까? 바로 그 신묘한 자리가 우리의 참된 자아인 '양심'입니다.

21

　　　　일체의 생각·감정·오감을 초월하여 불변하는 '참나'(양심)를 찾으십시오. 그리고 늘 그 자리에 '중심'을 두고 살아가십시오. 이렇게 하루하루를 살아가는 것이야말로, 최고의 수행입니다.

22

　　　　꿈을 꿀 때는 나와 사물이 둘 같으나, 깨고 보면 결국 둘 다 우리 '마음'일 뿐입니다. 생시도 마찬가지입니다. 모든 사물은 우리 '마음'의 '대상'으로만 파악됩니다. 결국 꿈에서 깨어나듯 일상에서 깨어나면, 나와 사물이 둘이 아님을 깨닫게 됩니다.

23

'깨어있음'(경敬)을 지니면 '천리天理'가 항상 밝아서 자연히 '인욕人欲'이 억제되어 사라질 것이다.

_ 주희, 주자어류

24

모든 일에 대해 다만 '옳고 그름'을 살펴볼 뿐이다. 가령 오늘 한 가지 일을 하면서, 스스로 마음이 편안하고 의심이 없다면 그것은 '옳은 것'이다. 그러나 한 가지 일이라도 스스로 믿을 수 없다면, 그것은 '그릇된 것'이다.

_ 주희, 주자어류

25

대저 한 가지 일에는 양 극단이 있다. '옳은 것'이 바로 '천리天理'의 공정함이며, '그른 것'이 바로 '인욕人欲'의 사사로움이다. 마땅히 닥치는 일마다 그 극치까지 옳고 그름을 가리게 되면, 인욕을 극복하고 다스리며 천리를 확충하는 공부가 일마다 훤히 드러날 것이다.

_ 주희, 주자어류

26

'마음'(心)이 바로 '하늘의 원리'(天理)이니, 이 마음에 사욕의 가림만 없다면, 그대로 천리이다.

_ 왕양명, 전습록

27

이 '양심'(양지良知)만 철저히 이해하게 된다면, 천 마디 말, 만 마디 말에서도 '옳고 그름'과 '진실함과 거짓됨'을 눈앞에 보는 것처럼 선명하게 볼 수 있을 것이다. 양심에 합하는 것은 '옳은 것'이요, 합하지 않는 것은 '그릇된 것'이다. 이것은 불가에서 말하는 '심인心印'과 비슷한 것인데, 참으로 시금석과 같고 나침반과 같다.

_ 왕양명, 전습록

28

사람이 단지 '선함'을 좋아하기를 이성을 좋아하듯이 하고, '악함'을 미워하기를 악취를 미워하듯이 한다면, 그는 바로 성인이다.

_ 왕양명, 전습록

29

@ 성령이 '양심'입니다. 인위적인 선악이 아니라 성령에 근거한 선악이라면, 근본적으로는 기준이 다르지 않죠. 성령·양심에는 자연법이 새겨져 있기에, 우리는 그 법에 근거하여 선악을 분명히 알 수 있는 것입니다.

30

@ '자연법'은 우주 불멸의 법으로 '선善' 자체죠. 선악이 갈리는 육신의 세계에 오면 그 기준을 중심으로 '선과 악'이 갈리는 것입니다.

● **31**

@ '악'을 일으키고 악을 반성하는 것은 에고이지만, 악을 악인 줄 알게 하는 것은 참나이자 성령입니다. 그래서 성령을 모르는 자는, 악도 정확히 알지 못합니다.

● **32**

@ '양심'은 참나와 그 참나의 작용을 포괄하는 의미입니다. 참나는 당연히 양심 자체이며, 참나와 하나로 작용하는 에고도 양심이라고 부르는 것입니다. 참나와 하나 된 에고는 이미 참나의 뜻대로 작용하니까요.

33

@ 바울은 '성령'을 체험하고 나서, 자신 안에 '성령을 따르는 마음'과 '욕정을 따르는 마음'이 있다는 것을 알고, 성령을 버리고 욕정을 따르는 자신을 한탄했죠. 성령대로 사는 것이 선이요, 성령을 버리고 욕정만을 따르는 것이 악입니다.

34

@ '분별심'은 에고가 멋대로 일으키는 망상을 말하며, 선악을 정확히 아는 것은 성령을 통해 얻은 '지혜'입니다. 성령의 뜻대로 사는 것이 선이고 그 반대가 악입니다.

35

늘 깨어서 '양심의 현존'을 놓치지 않으며, 자신에게 주어진 '재능'을 남김없이 계발하여, 모두를 행복하고 이롭게 하는 데 사용하십시오! 자신의 재능을 활용하여 인류에게 쓸모 있는 사람이 되십시오! 이것이야말로 훌륭한 '수행'입니다.

36

@ 삶이 그대로 수행이 되는 경지, 아름답고 보람 있겠죠.

37

'에고'에 안주한 사람은, 에고의 본성인 '이기성'을 본성으로 삼습니다. 하지만 '참나'에 안주한 사람은, 참나의 본성인 '인의예지' 즉 사랑, 정의, 예절, 지혜를 본성으로 삼습니다. 참나에 안주하기만 하십시오. 고귀한 본성을 갖게 될 것입니다.

38

"내 결정에 내 욕심만 챙긴 부분은 없는가?"라고 스스로에게 물어보라. 절대로 '내 입장'만을 배려하는 결정을 해서는 안 된다. 당장에는 자신에게 유리할지 모르지만, 멀리 보면 반드시 재앙을 낳는 씨앗이 될 것이다.

_ 윤홍식, 내 안의 창조성을 깨우는 몰입

39

부정적인 생각이 우리를 공격해 올 때마다 "모른다!" "괜찮다!"라는 단호한 선언으로 요격하라! 5분만 몰입하여 부정적인 생각들을 무시해 보라. 무섭던 기세가 흔적도 없이 사라질 것이다.

_ 윤홍식, 내 안의 창조성을 깨우는 몰입

40

양심을 어기면, 다른 재앙이 이르기 전에 먼저 내면의 평화를 잃게 됩니다. 양심을 지키면, 다른 축복이 이르기 전에 먼저 내면의 평화를 얻게 됩니다.

●41

      인간은 '욕망의 억압'이나 '욕망의 충족'이 아닌, '양심의 확충'을 통해서만 참된 자유를 얻을 수 있다.

●42

      당신이 마음의 본성을 실현하게 되면, 자비심은 물론 대단히 숙련된 방편까지 습득할 수 있을 것입니다.

_오진탁 역, 뇨슐 켄 린포체, 깨달음 뒤의 깨달음

43

　　　　　침묵을 지키더라도 어리석고 무지하면 성자가 될 수 없다. 어진 이가 저울을 가지고 달듯, 선을 취하고 악을 피하면 그는 성자다. 악을 물리치면 그것으로 그는 성자이다. 선과 악 두 가지를 분별할 줄 알면 그것으로 그를 성자라 부른다.

_ 법정 역. 법구경

44

　　　　　늘 깨어있으면서, 마음의 미세한 움직임을 알아차리십시오. 나에게만 유리하고 남들에게 고통을 주는 '욕심'은 단호히 뿌리를 뽑으십시오! 모두를 행복과 번영으로 인도하는 '양심'은 반드시 밀고 나가십시오! 이것이 모든 성자들이 걸었던 길입니다.

45

　　　　우리의 '양심'은 '신의 목소리'입니다. 그래서 언제나 공정하고 언제나 대아적입니다. 양심 밖에서 '신의 뜻'을 찾지 마십시오. 신은 지금 이 순간에도 우리에게 양심을 통해 그 뜻을 선명히 전하고 있으니까요.

46

　　　　훈훈하고 따뜻하고 남을 배려하는 '양심'과 냉정하고 차갑고 나만 아는 '욕심'을 구별하는 것, 지금 이 순간 내 마음이 둘 중 어떤 마음인지 알아차리는 것, 이것이야말로 진정한 마음공부의 시작입니다.

47

'양심'은 맹자가 처음 쓴 용어로 '오염되지 않은 순수한 마음'을 의미합니다. 그래서 왕양명은 이 양심이 불가의 '참나'이며 '심인'(마음의 도장)이라고 했습니다. 우리의 본래면목인 양심을 늘 알아차리십시오. 양심의 속성인 인의예지신이 절로 작동할 것입니다.

48

자신의 팔다리 '4지'가 온전하기를 구하는 이상으로, 자신의 '4단'(측은·사양·수오·시비지심)이 온전하기를 구해야 합니다.

49

'통증'이 있어야 '건강'을 지킬 수 있듯이, '찜찜함'이 있어야 '양심'을 지킬 수 있습니다.

50

@ 기분 좋게 할 수 없는 용서는 병이 됩니다. 상대방을 진심으로 흔쾌히 용서할 수 있을 때만 용서하십시오.

51

'양심' 즉 '내 안의 신성'이 기뻐하는 것이 '선'이 가져오는 최고의 축복이며, 양심이 찜찜해 하는 것이 '악'이 가져오는 최고의 재앙입니다. 양심은 늘 선에는 기쁨을 주고 악에는 찜찜함을 주어, 우주와 마음의 균형을 이루어 갑니다.

• **52**

'양심'에는 본래 나와 남이 없기에, 나의 선은 남의 양심까지 기쁘게 하며, 나의 악은 남의 양심까지 찜찜하게 한다. 그래서 악에 대한 정당한 처벌은 모두의 양심을 만족시킨다. 심지어 악인의 양심마저도.

• **53**

이 비밀을 알면 그대는 '행복'을 이룰 수 있다. 세상에는 우리의 의지대로 통제할 수 있는 것이 있으며, 우리의 의지대로 통제할 수 없는 것이 있다.

— 에픽테토스, 엥케이리디온

54

양심을 따르는 것이 '선'이며 양심을 어기는 것이 '악'이니, 선악은 오로지 '우리 자신'에게 달려 있습니다. 상대방이 선하건 악하건 상황이 좋건 나쁘건 자신의 양심을 따른다면, 우리는 언제 어디서나 '선'을 행할 수 있습니다.

55

@ 깨어서 번뇌·망상을 굴리시면 번뇌·망상도 잘 쓰일 겁니다. 수많은 번뇌·망상의 원인을 다 알지 못해도 괜찮습니다. 떠오를 때마다 잘 쓰는 것으로 충분합니다.

56

@ 양심은 맹자가 처음 쓴 말로 선천적인 도덕능력을 말합니다. 그러니 후천적으로 습득된 것이 아니라, 인간이면 누구나 지니고 있는 공감능력(인), 정의감(의), 겸손함(예), 시비판단능력(지)을 의미합니다.

57

늘 성령(참나) 안에서 기도하고, 그 결과도 성령께 맡기십시오!

58

'성령'은 이웃을 내 몸처럼 두루 사랑하는 '하느님 마음'(天心)이자 '진리의 마음'(道心)이니, 바로 우리의 순수한 '양심'입니다.

_윤홍식, 이것이 인문학이다

59

어떤 일을 보고, "이것은 나에게 손해가 된다!"라고 귀신같이 판단하는 것이 '욕심'이요, "이것은 누군가에게 손해가 된다!"라고 귀신같이 판단하는 것이 '양심'입니다.

60

'참나'야말로 순수한 마음이자 오염되지 않은 마음인 '양심'입니다. 이 마음은 '진리의 마음'이기에 '도심道心'이라고도 하고, '올곧은 마음'이기에 '직심直心'이라고도 하며, '하느님의 마음'이기에 '천심天心'이라고도 하고, '참된 마음'이기에 '진심眞心'이라고도 합니다.

_ 윤홍식, 이것이 인문학이다

61

'양심'은 대아적 효율성이 낮은 일 즉 전체에게 손해가 가는 일에는 분개하고, 대아적 효율성이 높은 일 즉 전체에게 이익이 되는 일에는 기뻐합니다.

_ 윤홍식, 이것이 인문학이다

62

반대로 '에고'는 소아적 효율성이 낮은 일 즉 자신에게 손해가 가는 일에는 분개하고, 소아적 효율성이 높은 일 즉 자신에게 이익이 되는 일에는 기뻐합니다. 그래서 양심의 분개는 언제 어디서나 늘 정당하며, 에고의 분개는 언제 어디서나 늘 위태롭습니다.

_윤홍식, 이것이 인문학이다

참나와 에고

에고의 장場의 지배를 받을 때는
'호리피해'를 추구하게 된다.
참나의 장場의 지배를 받을 때는
'호선오악'°°을 추구하게 된다.

지금 어떤 장場의 지배를 받고 있는가?
즉각 깨어나서 참나의 지배를 받아야 한다!

에고의 호리피해로 하는 일은

° 호리피해好利避害 : 이익을 좋아하고 손해를 싫어함.
°° 호선오악好善惡惡 : 선을 좋아하고 악을 미워함.

업력의 지배를 받는다.
참나의 호선오악으로 하는 일은
도력의 지배를 받는다.

욕심과 두려움으로 하는 모든 일은
업력의 지배를 받으나,
양심과 자명함으로 하는 모든 일은
업력의 지배를 초월한다.

에고의 작용은 업력에 휘둘리나
참나의 작용은 업력을 다스린다.

아무리 업력이 우리를 휘몰아쳐도,
깨어서 자명한 선택을 할 수 있다면
업력을 이겨 내고
주체적이고 창조적인
삶을 살 수 있을 것이다.

에고의 분석

우리의 수행이란 결국 에고의 정화입니다.
에고를 아이 키우듯이 잘 돌봐야 하죠.

고로 늘 에고가
무엇을 진심으로 좋아하고 원하며
무엇을 진심으로 싫어하고 두려워하는지,

무엇을 잘하고
무엇을 못하는지,

또한 얼마나 양심을 이해하고
실천하는지를 정확히 분석할 필요가 있습니다.

그래야 에고의 사명을 잘 이해하고
에고를 잘 달래서
양심으로 인도할 수도 있겠죠.

요약하면 에고가 지닌
'성격 · 재능 · 덕성'을
체험과 분석을 통해
있는 그대로 이해하자는 것입니다.

물론 이 작업도
깨어서 할 때 효과가 좋겠죠.

마음을 관리하는 요령

'마음'을 관리한다는 것은
삶을 관리한다고 할 정도로
중요한 일인 것 같습니다.

우리가 마음을 써서 하지 않는 것은 없으니까요.

세상은 누구에게나 똑같이 주어지는 무대이지만,
우리는 각자의 마음으로 각자의 사고습관으로
그러한 세상을 바꾸어서 보는 버릇이 있습니다.

이런 습관으로부터 자신의 중심을 지켜나가는 것!
이것이 마음관리의 핵심인 것 같습니다.

① "들이쉰다!"
② "내쉰다!"
③ "모른다!"
④ "괜찮다!"

이 4가지 마음챙김 요령을
고민이 있든, 없든 수시로 활용하셔서,
태풍의 핵처럼 본래 고요한 우리 마음의 '중심'이
훤히 드러날 수 있도록 도와주세요.

방법은 아주 간단합니다.
그냥 고민과 번뇌에 관심을 두지 않는
버릇을 들이는 것입니다.

우리가 "모른다!"에 머물며 무관심을 유지하는 동안,
우리의 '중심'은 우리 내면에서
무럭무럭 성장하며 강해집니다.
자연적인 정화력과 치유력이 절로 자라게 됩니다.

우리의 자아는 늘 시끄럽고 늘 고민에 빠져 삽니다.

그냥 두세요. 일단은 바꾸려고 하지 마세요.
우선 내면의 중심이
충분히 강해지는 것이 먼저입니다.

우리의 소란스러운 자아는
철부지 어린아이에 비유됩니다.
어떤 철학자는 짐승에 비유하기도 했습니다.

워낙 철이 없고,
이성에 반하는 언행을 서슴지 않고,
욕망과 쾌락에 한없이 약하고,
고통과 두려움에도 한없이 약하며,
부정적인 상념에 너무도 취약하기 때문입니다.

누구나 이런 자아를 하나씩 가지고 있습니다.
다만 어떻게 관리하느냐의 차이가 있을 뿐입니다.

관리하는 요령은
무엇보다, 내면의 고요하고 평화로운 중심을
늘 놓치지 않고 사는 습관을 들이는 것입니다.

밖(우리의 자아)이
아무리 소란스럽고 부정적이더라도,
우리의 내면(우리의 중심)은
늘 고요하고 평화롭다는 사실,

우리의 보금자리이자 편안한 도피처가
늘 그곳에 있다는 사실을,
우리 몸과 마음이 자명하게 알도록
습관화하는 것입니다.

앞의 4가지 요령을 늘 익히면,
점차 자신의 내면에 늘 존재하는
고요와 평화의 중심에 대해 확신이 생길 것입니다.

이 자리로 몸을 피하면 된다는 자신감이 생기면,
그때, 자신의 자아를 조금씩 타이르면서
조금씩 교화시켜 보십시오.

보호 장비 없이는 함부로
자아를 뜻대로 다루려 하지 마십시오.

절대로 싸우지 마십시오.
철부지 아이와 싸울 필요는 없습니다.

또 잘난 집 아이와 비교도 삼가십시오.
모두 교육상 가장 피해야 할 일들입니다.

실수를 하더라도 너무 심하게 꾸짖지 마시고,
잘 타일러서 실수를 조금씩 줄이도록
잘 인도해 보세요.
이것이 훌륭한 교육입니다.

교육의 목표는 조금씩 변화시키는 것이지,
심하게 꾸짖어서 포기하게 만드는 것이 아니니까요.

우리의 자아를 철부지 아이로 보고,
여유를 가지고 조금씩 타이르며 변화시키는 것이
참된 마음관리입니다.

그 핵심은 스스로 자아가
어떠한 실망스러운 모습을 보이더라도,

여유를 잃지 않고 교육을 포기하지 않는
교사가 되어야 하는데,
그 요령은 4가지 기법의 달인이 되는 것입니다.

어떠한 상황에서도 곧장 모든 상념을 버리고,
고요하고 평화로운 내면의 힘을
불러낼 수 있어야 합니다.

여유를 가지고,
조금씩 변화의 씨앗을 뿌려 보세요.
반드시 삶에 변화가 하나씩 찾아올 것입니다!

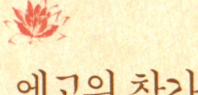

에고의 찬가

참나가 영원하면
에고도 영원하다.

참나의 도를 에고는
덕으로 현실화한다.

참나를 생각 · 감정 · 오감으로
표현하는 에고는 최고의 창조물이다.

에고는 매 순간 참나의 영감을
작품으로 표현하는 예술가이다.
참나의 공덕을 시공과 개체성으로

표현하는 것이 에고이다.

시공과 개체성을 갖춘
참나의 나타냄이 에고이다.
생각·감정·오감으로
참나를 체험하는 것이 에고이다.

선악의 갈림길에서 선을 따르고
악을 거부하여,
참나의 뜻을 따르는 것이 에고이다.

무상하고 고독하고 불안한 실존을
참나의 힘으로 극복하는 것이 에고이다.

에고는 참나의 드러난 작용이며
참나는 에고의 감춰진 본질이다.

참나의 무한한 힘으로
소중한 에고를 아름답게
닦아 가는 것이 '인간의 길'이다.

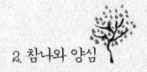

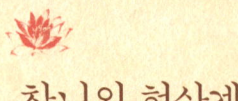
참나와 현상계

참나에서 5온(색수상행식)이 나오는 이유는
참나의 본성이 '창조'이기 때문입니다.

사랑, 생명, 창조가 진리(道)의 속성들이죠.
그러니 참나가 있으면 현상계가 창조되며,
창조된 것들을 사랑하게 되는 것입니다.

부처님은 이 현상계를
'5온'으로 설명했습니다.

5온의 '색色'은 물질이고 육체죠.
'수受'는 좋다 싫다의 느낌이며,

'상想'은 이리저리 따지는 생각이고,
'행行'은 마음의 끌림 즉 의지이며,
'식識'은 최종적 식별이요,
이렇다 저렇다 하는 확인입니다.
이 '식識'을 알음알이라고 부르죠.

우리가 5온을 낳는 것은 창조요,
5온에 눈이 머는 것도 사랑이죠.
그러니 이걸 피할 수는 없죠.

늘 깨어서 참나의 우주적 속성들로
다스려갈 뿐입니다.

현상계의 어떠한 욕망도 부정하지 마세요.
참나의 창조성의 발현이니까요.

다만 거기에 매몰되지 않게 깨어서
4단으로 경영할 뿐입니다.
깨어서 체험하는 5온은 무한한 축복이죠.

'색'으로 대표되는 오감은
참나를 가장 덜 방해하죠.
그런데 알고 보면 '수·상·행·식'도 색과 동일합니다.

모두 동일한 참나의 창조물이에요.
그래서 5온이 다 청정하다고 하는 겁니다.
그래서 5온이 모두 공空하다라고 하죠.

그러니 참나는 5온 즉
현상계를 떠날 수 없고,
5온을 통해 전지·전능·자비를 표현합니다.
조금도 5온을 꺼려서는 안 되는 이유죠.
이것이 5온을 떠나기만을 바라는
소승小乘이 그릇된 이유입니다.

우주가 춘하추동으로 쉬지 않는 것처럼
참나 또한 쉬지 않고 5온으로
자신을 표현하고 4단으로 이를 경영합니다.

사단을 얼마나 잘 이해하고
실천하느냐가 관건입니다.
사단의 정밀도가 그대로 영적인 단계가 됩니다.
경영능력이 인간의 길의 핵심이니까요.

참나는 5온으로 자신을 표현하고
이를 4단으로 경영합니다.

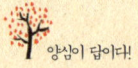

참나의 뜻을 따르는 삶

1. 참나는 초월적 경영자다

참나는 시공을 초월하는 절대계의 존재이자,
모든 현상계의 뿌리이다.
통 밖에서만 통을 굴릴 수 있다.
현상계를 초월한 자리만이 현상계를 굴릴 수 있다.

현상계의 자아인 '에고'도
절대계의 자아인 '참나'만이 경영할 수 있다.
이 근원적 참나의 주재력을 회복하지 않으면
우리는 생각·감정·언행을 경영할 수 없다.

하늘에서와 같이 땅에서도 이루어져야 한다.
절대계에서와 같이 현상계에서도
참나의 뜻이 온전히 펼쳐져야 한다.

이를 위해서 우리는 언제 어디서나
참나의 입장에 서서 늘 초연할 수 있어야 한다.
(깨어있음敬, 선정바라밀).
가정과 사회, 지구와 전 우주의 현상계에서
늘 초연하게 살아가며 중심을 잡고
경영할 수 있어야 한다. 이것이 '참나의 뜻'이다.

2. 참나는 나와 남의 구별이 없다

참나에는 나와 남이 없기에,
현상계의 존재들 또한 본래 하나이다.
본래 하나이기에 서로의 처지를 역지사지할 수 있다.

자신만을 생각하는 에고의 방해에도 불구하고
우리는 서로 진심으로 이해할 수 있다.
서로의 처지를 진심으로 이해한다면,

우리는 상대방에게 도움을 주어야 하며(사랑仁),
상대방에게 피해를 주어서는 안 된다(정의義).

상대방에게 피해를 주는
생각·감정·행위는 참나의 뜻에 배치된다.
그것은 에고의 뜻일 뿐이다.

우리는 현상계에서 참나의 뜻을 존중하여,
늘 남이 원하는 것을 베풀어야 하며(보시바라밀),
남에게 죄를 짓지 말아야 한다(지계바라밀).

이 '사랑의 바라밀'과 '정의의 바라밀'을
내 마음에서부터 실천하여,
가정과 사회는 물론 지구와 전 우주가
사랑과 정의로 충만해지도록 노력해야 한다.
이것이 '참나의 뜻'이다.

3. 참나는 조화롭다

참나 안에서는 어떠한 무질서도 없다.

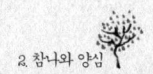

그러므로 우리의 에고도
남과 조화를 이룰 수 있어야 한다.

언행은 늘 상대방에게 겸손하여
무례하지 않아야 한다(예절禮).
나의 무례함은 전체의 조화를 깨뜨린다.
이것은 참나의 뜻이 아니다.
오직 에고의 뜻이다.

우리는 현상계에서 참나의 뜻을 존중하여,
우주의 모든 생명체를 존중하고
무례하게 굴어서는 안 된다(인욕바라밀).

이 '예절의 바라밀'을 내 마음에서부터 실천하여,
가정과 사회는 물론 지구와 전 우주가
질서와 조화로 충만해지도록 노력해야 한다.
이것이 '참나의 뜻'이다.

4. 참나는 자명하다

온 우주는 참나 자신의 일이 아님이 없다.
참나는 오직 참나 자신만을 인식하기에 늘 자명하다.

온 우주의 작용은 참나에 뿌리를 두기에,
모든 정보는 참나에게 드러나 있다.
그러니 참나는 늘 자명하고 모든 정보를 알고 있다.

정보에 무지하여 의심하고 찜찜해하는 것은
에고의 입장일 뿐이다.
우리는 현상계에서 참나의 뜻을 존중하여,
늘 자명함을 추구하고
찜찜함을 제거해야 한다(지혜智, 반야바라밀).

이 '지혜의 바라밀'로 모든 것을
자명하게 밝혀냄을 내 마음에서부터 실천하여,
가정과 사회는 물론 지구와 전 우주가
진리와 지혜로 충만해지도록
노력해야 한다. 이것이 '참나의 뜻'이다.

5. 참나는 성실하다

참나는 나태하지 않다.
참나는 잠시도 쉼이 없는 자리이다.
참나는 온 우주를 굴리고도 힘들어 하지 않는다.

참나는 결코 수고로워하거나
게으름을 피우지 않는다.
힘들어 하고 수고로워하며 나태한 것은
에고의 뜻일 뿐이다.

우리는 현상계에서 참나의 뜻을 존중하여,
언제 어디서나 쉬지 않고
정진해야 한다(성실信, 정진바라밀).

이 '성실의 바라밀'을 내 마음에서부터 실천하여,
가정과 사회는 물론 지구와 전 우주가
성실과 정진으로 충만해지도록
노력해야 한다. 이것이 '참나의 뜻'이다.

참나와 함께 하는 삶

1. 참나를 각성하라 (참나각성, 거경居敬)

우리는 스스로 지은 업에 따라 그 과보를 받지만,
그러한 과보를 주는 결정권자는 참나이다.
그래서 우리를 살리고 죽이는 참된 주체는
업의 과보가 아니라 참나이다.

우리는 참나에 의해 살고 참나에 의해 죽는 것이며,
온 우주 또한 참나에 의해 탄생하고
참나에 의해 소멸하는 것이다.

이 자리에서 만물이 나오고,

이 자리에서 온갖 신통력과 기적이 나온다.
이 자리를 알고 믿어야 무한한 지혜와 능력이 나온다.
'참나각성', 즉 우리 인생과 우주의 주재자인 참나를
지금 이 순간 직접 대면하는 것이 바로
참나에 대한 최고의 기도이자 예배이다.
참나각성 상태에서 우리 삶의 최고 결정권자인
참나에게 모든 불안감과 두려움을 맡겨라.

그리고 참나를 믿는 마음,
참나에게 맡기는 마음으로
내 깜냥껏 최선을 다해
내가 할 의무·사명에 몰입하라.

그리고 참나의 공정한 결과를 기다리고
겸허히 받아들여라.
항상 참나에게 모든 것을 믿고
맡기는 삶을 살아야 한다.

2. 참나와 함께 결정하라 (지혜계발, 궁리窮理)

'지혜'를 이루기 위해서는
지금 이 순간 자신을 궁금하게 하고
찜찜하게 만드는 것부터 연구하고
올바른 답안을 내야 한다.

참나는 모르는 것이 없다.
어떤 사안에 대한 정답을 알고 싶으면
내 깜냥대로 생각을 정리한 뒤
참나에게 물어보고 결정하면 된다.

참나는 명확한 답안을 알고 있으며,
온갖 불순물을 태워 버리는 광대한 힘이 있다.

참나각성 상태에서 자신의 의문점이나
자신이 정리한 생각들을 되새겨 보라.
"이것은 양심에 자명한가? 찜찜한가?"
"이것은 인의예지에 합당한가?"라고 물어보라.

참나각성 상태가 잘 유지되면서
올바른 사고가 이루어지면,
모르는 것에 대해서는 명확한 답을 얻게 될 것이며,
잘못된 생각들이 있다면
그 오류를 명확히 보여 줄 것이다.

자신이 정리한 생각들 중에
참나의 빛을 받아 힘을 잃어버리는 부분과
참나의 빛을 받아 더욱 강대해지는 부분을
정확히 가려내라.

힘을 잃고 소멸하는 부분은
참나의 뜻에 위배된 것이며,
더욱 강대해지는 부분은
참나의 뜻에 합치되는 것이다.

어떠한 역경과 번민과 고뇌가
우리의 마음을 침범해 오더라도
오직 참나각성 상태를 유지해야 한다.

그래야 역경과 번민, 고뇌가
우리 마음을 점령하지 못하며,
참나의 빛을 받아서 밝고 선명하며
훗날 돌아보아도 후회 없는
참되고 명확한 답안이 나오기 때문이다.

욕심 많고 나약하고 무지한 에고의 결론에
귀를 기울이지 말고,
참나의 가르침에 귀를 기울여야 한다.
그리고 항상 참나가 동의한 결론을
자신의 가치관으로 삼아야 한다.

참나가 동의한 선택은
천만년 뒤에도 자명할 것이나,
에고만 동의한 선택은
선택하는 순간부터 찜찜할 것이다.

참나는 시공을 초월하여 우주 전체의 인연을
지금 이 순간의 안목으로 꿰뚫어 보니,
참나가 동의한 선택은

시간이 흐를수록 더욱 빛을 발하게 된다.

참나가 동의한 선택은
먼 미래까지 이어지는 큰 그림의
정확한 퍼즐 한 조각인 것이다.
우리가 정확한 퍼즐 한 조각을 찾을 때
참나는 '자명함'이라는
강렬한 내적 확신을 우리에게 줄 것이다.

늘 '자명함'만을 따라갈 수 있다면
늘 참나의 인도를 받게 될 것이다.
아무리 최악의 상황이라 하더라도 말이다.
삶의 계획도, 수행의 계획도
에고가 멋대로 그린 그림은 무력할 뿐이다.

참나의 큰 계획을 믿고 의지하며
지금 이 순간 참나가 자명하다고
동의한 것만을 선택한다면,
자신이 그리려던 그림보다 어마어마하게
위대한 그림을 완성하게 될 것이다.

3. 참나의 뜻대로 행동하라 (습관교정, 역행力行)

참나는 모든 불순물을 태워 버리는
광대한 힘이 있다.

따라서 참나각성 상태에 들어가게 되면,
일체의 그릇된 생각과 감정, 그릇된 언행들은
힘을 잃어버리게 된다.
그래서 더 이상 우리를 유혹하지도
괴롭히지도 못하게 된다.

그러니 화가 나건, 슬픔에 빠지건,
말을 하건, 행동을 하건,
항상 참나에게 물어보고 행동하라.

그러기 위해선 모든 생각 · 감정 · 행동을
참나각성 상태에서 이루어지게 해야 한다.
항상 참나와 함께 울고 웃고 말하고 행동해야 한다.

웃는 그 순간 참나는 어디 있는가?

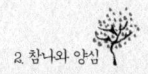

또한 우리가 어떻게 하기를 원하는가?
슬퍼하는 그 순간 참나는 어디 있는가?
또한 우리가 어떻게 하기를 원하는가?
어떤 행동을 취하는 순간 참나는 어디 있는가?
또한 우리가 어떻게 하기를 원하는가?

참나는 지금 이 순간 어디 있으며, 무엇을 원하는가?
참나는 그러한 생각과 감정을 지지하는가?
그러한 행동을 지지하는가?
이것을 항상 기억해야 한다.
그래야 참나의 뜻에 합치되는 삶을 살 수가 있다.
항상 참나가 동의한 일만 하려고 노력해야 한다.

참나는 못하는 것이 없다.
그래서 우리가 지금은 불가능하다고
생각하는 것들을 현실로 만들 수 있는
무한한 능력이 있다.

지혜로운 생각, 조화로운 감정, 건강한 육체,
건전하고 평화로운 사회,

이 모두가 참나가 주재하는 일들이다.

우리의 에고가 겸허한 마음으로
참나에게 모든 것을 맡길 수 있다면,
이러한 것들이 항상 우리와 함께 할 수 있다.

항상 참나각성 상태를 유지하면서,
이 모든 것들을 참나의 인도로 이루어야 한다.

오직 참나의 힘인 '도력'만이
에고의 힘인 '업력'을 정화할 수 있다.
참나에 의지하지 않고, 에고에 의존해서는
결코 이것들을 이룰 수 없을 것이다.

자신이 상대방에게 받기를 원하는 것을 남에게
베풀라는 '양심의 명령'이야말로,
우주와 인간의 본질을 함축하는 진리입니다.

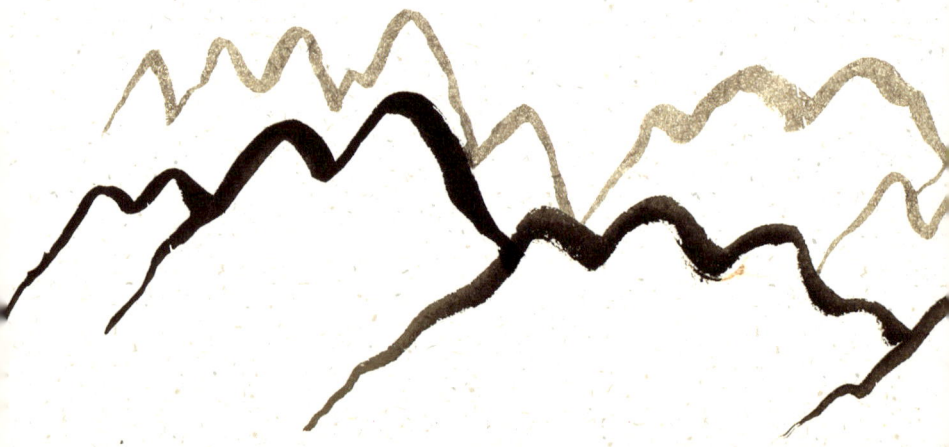

3
양심을 따르는 삶

01

'진선미'의 근원은 우리가 지닌 순수한 마음인 '양심'입니다. 무엇을 자명하게 인정하는 것도(진), 옳다고 실천하는 것도(선), 아름답다고 느끼는 것도(미), 양심만이 할 수 있기 때문입니다. 밖에서 찾지 마십시오. 진선미는 우리 내면에 존재합니다.

02

인간의 진정한 자아(참나)의 실현은 '진선미의 구현'에 있습니다. 진리를 자명하게 인식하고, 선을 올바르게 실천하고, 진정한 아름다움을 추구하는 것이야말로, 인간이 이 우주에서 할 수 있는 최고의 멋진 작업이 될 것입니다.

03

또한 생각과 말과 행위를 재료로 해서 날로 새로운 작품을 만들어 내는 희열은, 우리 삶의 근원적 원동력이 될 것입니다.

04

반야바라밀로 진리를 자명하게 하고(진), 보시·지계·인욕·정진·선정바라밀로 올바른 선을 구현하며(선), 6바라밀의 전체적인 구현을 통해 삶 전체를 아름다운 꽃으로 승화시키는 것(미), 이것이야말로 진정한 인간의 길, 보살의 길이라 할 것입니다.

05

　　자신이 상대방에게 받기를 원하는 것을 남에게 베풀라는 '양심의 명령'이야말로, 우주와 인간의 본질을 함축하는 진리입니다. 우주는 본래 하나이며, 인간은 서로 사랑해야 합니다. 이 진리를 온전히 이해하고 체득하는 것이 '영적 탐구'의 핵심입니다.

06

　　@ 에고는 우주에서 독자적으로 분리되었다고 느끼는 자아입니다. 그래서 자기애가 강합니다. 우주보다 나를 더 사랑하다 보니, 우주와 어긋나는 일이 생겨납니다. 남에게 피해가 되더라도 용납하고 추구하게 됩니다. 이것을 '악'이라고 합니다.

07

@ 석가모니가 말하는 '중도中道'는 바로 '8정도'입니다. 중도는 인위적 고행도 아니고 쾌락의 추구도 아닌, 양심의 치우침 없는 실천일 뿐입니다.

08

스스로 반성하여 자명하면, 천하도 자명하게 밝힐 수 있습니다. 스스로가 자명하지 못하다면, 한 치 앞도 캄캄할 뿐입니다. 그러니 남을 탓하기 전에 자신은 자명한지 늘 반성해야 합니다!

09

우리는 역경에 처할 때마다 양심상 우리의 부족한 점을 점검해 보아야 합니다. 그래야만 우리는 '덕'에 나아갈 수 있고 '행실'을 바로잡을 수 있습니다.

_ 윤홍식, 이것이 인문학이다

10

'반성'이야말로 욕심의 과오를 직시하고 '양심'을 회복할 수 있는 최고의 기회입니다.

_ 윤홍식, 이것이 인문학이다

11

'참나'에게 모든 것을 믿고 맡기는 삶이란, 참나가 내 욕심을 다 들어주길 기대하며 살아가는 삶이 아닙니다. 매 순간 모든 판단을 내 욕심대로 하지 않고, 참나의 뜻대로 즉 양심대로 자명하게 살아가는 삶을 의미합니다.

12

참된 '무소유'는 자신이 소유한 재산을 포기하는 것이 아니라, 자신이 자나 깨나 지니고 다니는 마음의 번뇌들을 포기하는 것입니다. 번뇌와 결핍감이 사라진 자리는 평화와 만족감이 대신합니다. 비워야 채워지는 법입니다.

13

옳고 그름을 명확히 가릴 수 있는 '이성'은 하늘의 선물입니다. 다만 이성보다 '욕망'이 더 큰 힘을 지닌 현실 때문에, 이성은 욕망을 포장해 주는 '욕망의 시녀'로 전락하고 맙니다. 늘 깨어서 내면에서 일어나는 '욕망의 사기'를 알아차려야 합니다.

14

당신은 '이성'을 가지고 있는가? 그렇다면 왜 그것을 사용하지 않는가? 만약 이성이 본래의 기능을 발휘하고 있다면, 더 이상 무엇을 바랄 것인가?

_ 마르쿠스 아우렐리우스, 명상록

15

만일 어떤 사람이 내가 잘못 생각하고 잘못 행동했다는 것을 지적하여 나를 납득시킨다면, 나는 기꺼이 잘못을 바로잡을 것이다. 왜냐하면 나는 진리를 탐구하고 있으며, 진리로 인해 피해를 입은 사람은 없기 때문이다. 그러나 자신의 오류와 무지에 머물러 있는 사람은 피해를 입는다.

_ 마르쿠스 아우렐리우스, 명상록

16

미래의 일들로 당신의 마음을 괴롭히지 마라. 만약 부득이하게 그것들과 직면하게 되더라도, 당신이 현재의 일들을 위해 사용하고 있는 바로 그 '이성'이 해결할 것이다.

_ 마르쿠스 아우렐리우스, 명상록

17

은혜로움 속에서 재앙이 생겨나니, 뜻대로 잘 될 때 반드시 빨리 자신을 반성해 보아야 한다. 실패했을 때 혹 도리어 공을 이루기도 하니, 뜻대로 되지 않는 곳에서 손을 놓고 포기해서는 안 된다.

_ 윤홍식, 이것이 인문학이다

18

좁은 길, 좁은 곳에서는 한 걸음 양보하여 남이 걸을 수 있게 해 주고, 맛있는 음식은 1/3을 덜어서 남에게 양보하여 맛보게 하라. 이것이 세상을 살아가는 최고의 안락한 법이다.

_ 윤홍식, 이것이 인문학이다

19

남에게도 이로운 것이 '선'이고, 자신에게만 이로운 것은 '악'이다. 남에게 이로우면 남을 때리고 남을 욕해도 모두 '선'이고, 자신에게만 이로우면 남에게 공경과 예절을 다 갖추어도 모두 '악'이다.

_ 원황, 요범사훈

20

"내가 당하기 싫은 일을 남에게 가하지 말자!"라는 양심과 상식이야말로 정의의 참된 근거입니다.

21

내가 바라지 않는 일을 남에게 가하지 마라! (공자) 남에게 바라는 것을 남에게 해주어라! (예수) – 이 두 가르침 이상의 도덕률이 우리에게 필요할까요?

22

진리를 배우고 수시로 익히면 또한 기쁘지 않겠는가? 함께 진리를 닦는 벗들이 먼 곳에서 찾아와 이 맛을 함께 나누면 또한 즐겁지 않겠는가? 이 맛에 푹 빠져 남이 알아주지 않아도 화가 나지 않으면 또한 군자가 아니겠는가?

_윤홍식 역, 논어

23

공자님은 4가지가 없으셨다. 도리에 맞지 않는 망상이 없으셨고, 반드시 뜻대로 되리라는 기대가 없으셨고, 지나간 것에 대한 고집이 없으셨고, 자신만을 중시하는 아집이 없으셨다.

_ 윤홍식 역, 논어

24

'욕망' 때문에 괴롭다고 해서 욕망을 없앨 수는 없습니다. 욕망을 관리할 수만 있으면 됩니다. "내가 당하기 싫은 일을 남에게 가하지 말자!"라는 '양심'(자연법)을 어기지만 않는다면, 어떠한 욕망도 잘못될 일이 없습니다. 관리된 욕망은 오히려 축복입니다.

25

신을 생각하며 끊임없는 사회적 행동을 하는 것,
오직 이 한 가지 일을 즐거워하고 이 안에 안주하라!

_ 마르쿠스 아우렐리우스, 명상록

26

우리는 목적이 없고 쓸모가 없으며, 무엇보다 지나친 호기심이나 악의에서 나온 잡념들이 이어지는 것을 막아야 한다. 그리고 누군가가 갑자기 "당신은 지금 무슨 생각을 하고 있는가?"라고 묻더라도, 아주 솔직하게 "이런저런 일이다."라고 즉각 대답할 수 있는 것들만 생각하는 습관을 길러야 한다.

_ 마르쿠스 아우렐리우스, 명상록

27

오직 나와 남을 둘로 보지 않는 '양심'에 자신의 중심을 두고, 내가 당하기 싫은 일을 남에 가하지 않으면서 살아야 한다. 이것이 인간의 길이다!

28

자공이 묻기를 "한마디 말로서, 종신토록 행해야 할 것은 무엇입니까?"라고 하자, 공자님께서 말씀하시길 "그것은 '서恕'이니, 내가 하고 싶지 않은 일을 남에게 가하지 않는 것이다."라고 하셨다.

_윤홍식 역, 논어

29

공자께서 말씀하셨다. "자공아, 너는 내가 많이 배워서 아는 사람이라고 생각하느냐?" "그렇습니다. 아닙니까?" "아니다. 나는 오직 '하나'(양심)로 꿰뚫었을 뿐이다."

_ 윤홍식 역, 논어

30

공자님께서 말씀하시길 "① 그 하는 짓을 보고, ② 그 말미암은 동기를 관찰하고, ③ 그 안락하게 여기는 바를 살펴보면, 사람이 어찌 숨길 수 있겠는가! 사람이 어찌 숨길 수 있겠는가!"라고 하셨다.

_ 윤홍식 역, 논어

31

@ 모든 법의 근거인 양심은 한 가지만 요구합니다. "내가 당하기 싫은 일을 남에게 하지 마라!" 이 법을 따르면 양심은 기뻐하나, 이 법을 어기면 가책을 받게 됩니다. 이를 기초로 선악을 분석하면 더욱 정밀한 답도 얻을 수 있습니다.

32

베풀었다는 형상에 머물지 않는 보시를 하라! (붓다) 자선을 베풀 때 오른손이 하는 일을 왼손이 모르게 하라! (예수)

33

세상 안에서나 밖에서나 제약이 없이 선한 유일한 것은 바로 '선의지善意志'(양심)이다.

_ 칸트, 도덕형이상학을 위한 기초

34

　　군자가 본성으로 삼는 '인의예지仁義禮智'는 '마음'에 뿌리를 둔 것으로, 그 형색을 나타냄에 얼굴에서는 훤하게 드러나고, 등에서는 풍성하게 드러나며, 팔다리(4지)에서는 실제로 시행된다. 팔다리가 말을 하지 않아도 남들이 깨닫게 된다.

_윤홍식 역, 맹자

35

　　대저 나에게 있는 '양심'을 확충할 줄 알면, 불이 처음 타오르며 샘이 처음 솟아 나오는 것과 같을 것이니, 진실로 이를 채울 수 있다면 족히 4해를 보존할 것이다! 만약 이를 채우지 못한다면 부모도 모실 수 없을 것이다.

_윤홍식 역, 맹자

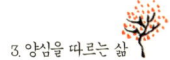

36

남을 사랑하여도 친해지지 않으면 자신의 '사랑'(仁)을 반성해 보라. 남을 다스려도 다스려지지 않으면 자신의 '지혜'를 반성해 보라. 남에게 예절로 대하여도 돌아오는 것이 없으면 자신의 '공경'을 반성해 보라. 행하여 얻지 못한 것이 있으면 그 원인을 모두 자신에게서 반성하여 찾아보라. 그 몸이 바르면 천하가 귀의할 것이다.

_ 윤홍식 역, 맹자

37

언제 어디서나 당신이 처한 현재의 조건을 경건히 받아들이고, 당신의 주위 사람들에게 정의롭게 행동하며, 검토를 거치지 않고는 어떠한 것들도 침입하지 못하도록 당신의 현재 생각들을 잘 닦아 놓는 것은, 당신이 할 수 있는 일들이다.

_ 마르쿠스 아우렐리우스, 명상록

38

내면을 들여다 보라. 내면에 '선善의 샘'이 있을 것이다. 당신이 파면 팔수록 더 많은 샘물이 솟구칠 것이다.

_ 마르쿠스 아우렐리우스, 명상록

39

남에게 죄를 짓는 사람은 결국 자신에게 죄를 짓는 것이다. 또한 남에게 불의를 행하는 사람은 자신을 악하게 만드니, 결국 자신에게 불의를 행하는 것이다.

_ 마르쿠스 아우렐리우스, 명상록

40

'현재의 의견'이 이성을 토대로 하고 있고, '현재의 행동'이 사회적 선을 지향하고 있으며, '현재의 마음'이 일어나는 모든 일에 만족하고 있다면, 이것으로 충분하다.

_ 마르쿠스 아우렐리우스, 명상록

41

'양심'은 인간적 욕망보다 미약해 보이나, 실제로는 인간적 욕망을 정화시킬 수 있는 강력한 자리입니다.

_ 윤홍식, 이것이 인문학이다

42

우리가 양심에 지속적인 관심을 주고 올바른 방법으로 배양하기만 한다면, '양심'의 미세한 불씨는 태양처럼 광명하게 자라서 어떠한 욕망도 곧장 정화시킬 수 있게 될 것입니다.

_ 윤홍식, 이것이 인문학이다

43

'양심'으로 '욕망'을 완전히 정화할 수 있어야 참된 '군자의 길'입니다. 동서고금을 통해 인류가 걸어온 길 중에, '군자의 길' 즉 '양심의 길'만큼 의미 있는 길은 없습니다.

_ 윤홍식, 이것이 인문학이다

44

하느님께서 우리의 내면에 새겨 놓은 기본 프로그램인 '양심의 길'을 걷는 것은, 이 우주에 사람으로 태어나 이룰 수 있는 최고로 순결하고 고상한 길입니다.

45

유가의 경전 『중용』에서 "군자는 길을 따라 걷다가 길에서 쓰러져야 하니 나(공자)도 그만둘 수가 없다."라고 하였듯이, 이 '양심'을 따라 살며 나와 남을 두루 살리는 '군자의 길'을 걷는 것을 결코 포기하지 말아야 하겠습니다.

_ 윤홍식, 이것이 인문학이다

46

　　　사랑과 정의, 예절과 지혜를 생명으로 하는, 우리의 '양심'을 자신이 서 있는 바로 그 자리에서 밝혀내는 것이야말로 참된 학문입니다.

_ 윤홍식, 이것이 인문학이다

47

　　　진실로 '지극한 사람'은 신기한 재주나 남다른 능력을 가진 사람이 아닙니다. 지극한 사람은 양심상 당연히 그래야만 하는 일들을 아주 자연스럽게 실천하는 사람일 뿐입니다.

_ 윤홍식, 이것이 인문학이다

48

'마음공부'의 핵심은, 내면에서 '양심의 현존'을 확인하고, 양심이 무엇을 좋아하고 어느 정도 좋아하는지를 명확히 이해하여, 성현들처럼 내 뜻대로가 아니라 양심의 뜻대로 살아가는 경지에 이르는 것에 있습니다.

49

재앙이 있을 것이다, 너희 율법학자들과 바리새인들이여! 너희는 잔과 접시의 바깥만 깨끗이 하나, 그 안은 '탐욕'과 '방종'으로 가득 차 있도다. 눈먼 바리새인들이여! 먼저 잔의 '속'을 깨끗이 하여라. 그러면 '바깥'도 깨끗해질 것이다.

_ 마태복음

50

군자는 보이지 않는 바를 경계하고 진실하게 하며, 들리지 않는 바를 두려워한다. 숨겨진 것보다 더 잘 보이는 것은 없고, 미세한 것보다 더 잘 드러나는 것은 없다. 그러므로 군자는 그 '자신의 속마음'을 신중히 한다.

_ 윤홍식 역, 중용

51

숨겨둔 것은 드러날 것이며, 감춰진 것은 알려질 것이다. 그대들이 어두운 곳에서 말한 것들은 밝은 곳에서 들릴 것이며, 그대들이 안방에서 귀에다 속삭인 말들은 지붕 위에서 선포될 것이다.

_ 누가복음

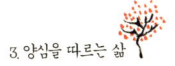

52

하느님은 '영靈'이시다! 그러므로 그분께 예배를 드리는 사람은 '영과 진리' 안에서 예배를 드려야 한다.

_ 요한복음

53

한번은 예수님께서 바리새인들에게 '하느님의 왕국'이 언제 오느냐는 질문을 받으셨다. 그들에게 대답하시길 "하느님의 왕국은 눈에 보이는 것들로 오지 않는다. 또한 '보라, 여기에 있다!'거나 '저기에 있다!'" 하고 말할 수도 없을 것이다. 사실 '하느님의 왕국'은 그대들 가운데 있다."라고 하셨다.

_ 누가복음

54

'하느님의 왕국'은 먹고 마시는 일이 아니라, '성령' 안에서 누리는 정의로움과 평화와 기쁨입니다.

_로마서

55

'재물'로부터 사람의 덕이 생기는 것이 아니라, 사람의 '덕'에 의하여 재물과 그 밖의 모든 것이, 사적으로나 공적으로나 사람들을 위해 좋은 것이 되는 것입니다.

_소크라테스의 변론

56

눈은 몸의 등불이다. 그대들의 눈이 온전하면 온몸이 환할 것이고, 그대들의 눈이 온전하지 못하면 온몸이 어두울 것이다. 그러니 그대들 내면에 있는 '빛'(성령·양심)이 어둠이라면, 그 어둠이 얼마나 짙겠는가?

_마태복음

57

'성령'(양심)에 따라 살아가십시오. 그리고 '육체'의 욕망을 채우지 마십시오. '육체의 욕망'은 성령에 반대되고, '성령의 뜻'은 육체에 반대되기 때문입니다.

_갈라디아서

58

'무엇을 먹을까?' '무엇을 마실까?' '무엇을 입을까?'라고 걱정하지 마라! 왜냐하면 이런 것들을 이방인들도 찾는 것들이기 때문이다. 그대들의 하늘에 계신 아버지께서, 그대들이 필요로 하는 모든 것들을 알고 계신다. 그대들은 무엇보다 '그분의 왕국'과 '그분의 정의로움'을 구하라! 그러면 이 모든 것들도 함께 받게 될 것이다.

_ 마태복음

59

'사랑 · 정의 · 예절 · 지혜'(仁義禮智)는 밖에서 나에게 녹아든 것이 아니다. 내가 본래부터 가지고 있던 것이지만, 단지 생각하지 않았을 뿐이다. 그래서 말하기를 "구하면 얻고 내버려두면 잃어버린다."라고 한 것이다. 혹은 서로 배가 되기도 하고 다섯 배가 되기도 하여 헤아릴 수 없는 것은, 그 재능을 모두 발휘하지 못했기 때문이다.

_ 윤홍식 역, 맹자

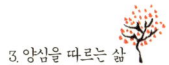

3. 양심을 따르는 삶

60

그러므로 무엇이든지, 남이 그대들에게 해 주기를 원하는 대로, 그대들도 남에게 해 주어라. 이것이 율법과 예언서의 골자이다.

_ 마태복음

61

사랑하는 자는 자기가 서고 싶으면 남도 세워 주고, 자기가 이르고 싶으면 남도 이르게 해 준다. 자기를 살펴서 남의 입장을 이해하는 것, 이것을 '사랑의 올바른 방법'이라고 말할 수 있다.

_ 윤홍식 역, 논어

62

"간음하지 마라! 살인하지 마라! 도둑질하지 마라! 탐내지 마라!"라는 계명과 그 밖의 어떠한 계명도, "네 이웃을 너 자신처럼 사랑하라!"라는 하나의 계명으로 요약됩니다. '사랑'은 이웃에게 해를 끼치지 않습니다. 그러므로 사랑은 '율법의 완성'입니다.

_ 로마서

63

내가 그대들에게 '새로운 계명'을 주겠다. 서로 사랑하라! 내가 그대들을 사랑한 것처럼 그대들도 서로 사랑하라. 만약 그대들이 서로 사랑한다면, 모든 사람들이 그대들이 나의 제자라는 것을 알게 될 것이다.

_ 요한복음

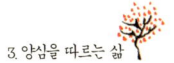

64

사랑하는 여러분, 서로 사랑합시다. '사랑'은 하느님에게서 오는 것이기 때문입니다. 사랑하는 이는 모두 하느님에게서 태어났으며 하느님을 압니다. 사랑하지 않는 사람은 하느님을 알지 못합니다. 하느님은 '사랑'이시기 때문입니다.

_ 요한1서

65

모든 율법은 한 가지 계명으로 요약됩니다. 그것은 바로 "네 이웃을 너 자신과 같이 사랑하라."는 계명입니다.

_ 갈라디아서

66

이 독사의 족속들아! 그렇게 악하면서 어떻게 선한 말을 할 수 있겠느냐? 결국 마음에 가득 찬 것이 입으로 나오는 법이다. 선한 사람은 선한 것을 마음에 쌓아 두었다가 선한 것을 내놓고, 악한 사람은 악한 것을 마음에 쌓아 두었다가 악한 것을 내놓는 것이 아니겠느냐.

_ 마태복음

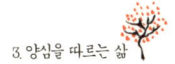

67

나에게 "주님, 주님!" 하고 부른다고 해서, 모두 다 '하늘의 왕국'에 들어갈 수 있는 것은 아니다. 오직 하늘에 계시는 나의 '아버지의 뜻'을 실천하는 자(성령·양심을 따르는 자!)라야 그 왕국에 들어갈 수 있다.

_마태복음

68

그날에는 많은 사람이 나를 보고 "주님, 주님! 우리가 주님의 이름으로 예언을 하고, 주님의 이름으로 마귀를 쫓아내고 많은 기적을 행하지 않았습니까?"라고 말할 것이다. 그러나 그때에 나는 그들에게 분명히 말할 것이다. "너희 악한 자(욕심을 따르는 자)들아! 나에게서 물러가라. 나는 너희들을 전혀 알지 못한다."라고.

_마태복음

69   나는 내 뜻이 아니라, 나를 보내신 분(하느님)의 뜻을 실천하고자 하늘에서 내려왔다.

_ 요한복음

70   예수께서 이르시길 "나의 '양식'은 나를 보내신 분의 뜻을 실천하는 것이며, 그분의 일(양심의 실천)을 완성하는 것이다."라고 하셨다.

_ 요한복음

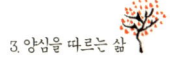

3. 양심을 따르는 삶

71

'하느님'께서 명령하신 것을 '본성'(性)이라 이르고, 본성을 따르는 것을 '길'(道)이라 이른다.

_ 윤홍식 역, 중용

72

남을 질책하는 마음으로 자신을 질책하고, 자신을 용서하는 마음으로 남을 용서하라.

_ 명심보감

73

@ 올바른 길을 걷겠다는 뜻만 확고하시면, 방법이 멀리 있지 않습니다. 무엇이든 즐기는 사람 못 당하는 법이니, 하루하루 즐겁게 정진해 나가시길 기원합니다!

74

'호연지기'는 '도덕적 에너지'입니다. 호연지기를 기르는 법은 늘 정의를 실천하여 양심의 경고를 잘 따르는 것일 뿐입니다. 늘 양심의 경고를 잘 따른다면, 온몸으로 탁 트인 에너지인 '호연지기'를 느낄 수 있습니다.

75

　　　　　선택의 순간에 늘 양심의 명령대로 '정의'를 선택해 가는 것이 호연지기를 기르는 비법입니다. 매 순간 자신의 내면에서 울리는 '양심의 경고'에 최선을 다해 응할 뿐, 단번에 성인처럼 되고자 무리해서는 안 됩니다.

76

　　　　　매 순간 들려오는 양심의 명령에 충실히 따르는 것으로 족합니다. 역량을 넘어서 너무 완벽하게 하려고 무리하다가는 도리어 선이 악이 되고 맙니다. 늘 자신의 역량대로 양심에 최선을 다하기만 하라는 것입니다. 그러다 보면 자연히 '양심의 역량'이 자라서 우리도 성인처럼 판단하고 실천할 수 있게 될 것입니다.

77

양심이 자라지 못하면 호연지기도 기를 수 없습니다. 양심의 계발을 무시해도 안 되고, 억지로 계발하려고 해서도 안 되며, 늘 자신의 양심의 소리에 귀를 기울이며 최선을 다해 응해 나갈 뿐입니다. 이것이 '호연지기'를 기르는 최고의 비법입니다.

78

맹자는 양심의 구체적 발현인 '4단' 즉 ① '남에 대한 공감능력'인 '측은지심惻隱之心'과 ② '부당한 일을 보면 혐오하며 자신의 잘못에 부끄러워하는 정의감'인 '수오지심羞惡之心', ③ '남과 조화를 이루는 능력'인 '사양지심辭讓之心'과 ④ '옳고 그름을 구별할 줄 아는 판단능력'인 '시비지심是非之心'을 본래 타고난다고 보았습니다.

79

측은해하는 마음(측은지심)이 없으면 사람이 아니며, 불의를 부끄러워하고 미워하는 마음(수오지심)이 없으면 사람이 아니며, 남에게 양보하는 마음(사양지심)이 없으면 사람이 아니며, 옳고 그름을 판별하는 마음(시비지심)이 없으면 사람이 아니다.

_ 윤홍식 역, 맹자

80

인간에게는 선천적으로 '남'을 이해하고 공감하는 '타고난 지혜와 능력' 즉 '양지良知'와 '양능良能'이 있다. 양지는 '4단四端'의 도덕적 마음 중에서 "옳고 그름을 판별하는 마음"(시비지심)이며, 양능은 4단의 나머지 마음으로 "상대방을 측은해하고(측은지심), 겸손하고(사양지심), 악惡을 미워하는 마음(수오지심)"이다.

_ 윤홍식, 대학 인간의 길을 열다

81

'덕(德)'은 "남도 나처럼 이해하고 사랑하자!"라는 올곧은 양심(直心)을 현실에서 실천(行)하는 것일 뿐이다.

82

'사랑'(仁)이 지혜(智) 없이, 정의(義) 없이, 예의(禮) 없이, 성실함(信) 없이 어찌 이루어질 수 있겠는가? '사랑'(仁) 한마디엔 나머지 모든 덕목들이 녹아 있다. 그래서 나누어 말하면 '인의예지신'의 다섯이 되나, 합하여 말한다면 '인(仁)' 하나로 충분한 것이다.

_윤홍식, 대학 인간의 길을 열다

83

서양철학자 칸트는 '정언명령定言命令'(무조건적 명령) 즉 "인간이면 무조건 따라야 하는 양심(善意志)의 지상명령"이라고 하여 다음과 같이 말한다. "너의 의지의 준칙이 언제나 동시에 보편적 법칙 수립의 원리로서도 타당할 수 있도록 행위 하라!"

_ 윤홍식, 대학 인간의 길을 열다

84

언제 어디서나 '양심의 명령'을 정확히 듣고, 양심이 자명하다고 하는 것만 옳다고 여기고, 양심이 자명하다고 하는 것만 실천하는 것, 인간에게 이 이상의 수행은 없습니다. 모든 성인들은 오직 이것을 실천하신 분들일 뿐입니다.

3. 양심을 따르는 삶

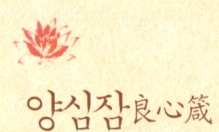

1. 몰입 : 마음을 리셋했는가?
2. 사랑 : 상대방의 입장을 내 입장처럼 진심으로 이해하고 배려했는가?
3. 정의 : 내가 당하기 싫은 일을 상대방에게 가하지는 않았는가?
4. 예절 : 처한 상황을 있는 그대로 진심으로 수용하고, 생각과 언행이 겸손하며 상황과 조화를 이루었는가?
5. 성실 : 양심의 인도를 따르는 데 최선의 노력을 기울였는가?
6. 지혜 : 나의 선택과 판단은 찜찜함 없이 자명한가?

유튜브(YouTube): 양심성찰 가이드

○ 우리 내면에 존재하는 양심을 일깨우는 글입니다. 6가지 질문을 통해 내면의 양심을 밝혀내시기 바랍니다. 양심잠의 구체적 분석은 '양심노트'를 활용하십시오.

양심노트의 작성요령

양심노트는 양심에서 느껴지는
'찜찜함'과 '자명함'이라는
선명한 느낌을 바탕으로 솔직하게 적어 가야 합니다.
그래야만 양심이 계발됩니다.

양심의 울림이 없는 형식적 분석은
에고 놀음일 뿐이니 양심을 밝히지 못합니다.

최대한 에고의 힘을 뺀 상태에서 느껴지는,
양심의 솔직한 느낌들을 기록하고,
그 느낌들이 인도하는 자연스러운 방향을
선명하게 느낄 수 있어야 합니다.

작은 자명함이라도 소중히 키워나가야 하며,
작은 찜찜함이라도 무시하지 말아야 합니다.
그래야만 점점 '4단'의 자명함이
선명하게 드러날 것입니다.

에고가 4단에 맞는 의견을 제시하면
참나가 자명함으로 인가해 줄 것입니다.

4단에 대한 이해가 정밀해질수록
에고는 참나의 미세한 신호도
놓치지 않게 될 것입니다.

처음에는 우리가 4단을 밝히고자 노력하나
4단이 선명히 드러나게 되면
4단이 우리를 인도하게 됩니다.

늘 4단의 인도를
온전하게 느끼고 따를 수 있을 때,
양심의 달인이 될 수 있습니다.

4단의 확충은 영원불변의 우주의 법을
따르는 삶을 사는 것으로,
무상한 우주에서 가장 의미 있는 일이니
양심노트의 의미는 참으로 크다 하겠습니다.

양심노트는 자신의 삶의
준엄한 역사서가 될 것이니,
사관이 사단을 가지고 역사를 평가하듯이
공정하게 기록한다면,
각자 자신만의 실록을 갖게 될 것입니다.

유튜브(YouTube): 홍익학당 사단노트 작성법

유튜브(YouTube): 양심노트 작성법(사단노트, 육바라밀노트)

양심분석(양심성찰)의 요령

올바른 결정을 위해서는,
우리 내면에서 자명하게 울려 퍼지는
참나의 소리를 선명히 듣고 따르는 것이
가장 핵심일 것입니다.

그 소리를 좀 더 선명히 들을 수 있도록
돕기 위한 것이 '양심분석'입니다.

1. 깨어있음(경敬)

먼저 참나각성 상태를 유지하면서
마음을 최대한 평온하고 공정하며

초연한 상태로 만드십시오.

2. 사랑(인仁)

그 상태에서 자신을 포함하여
이 일에 관련된 사람들의 진솔한 마음을
헤아려 보시기 바랍니다.
어떠한 선입견도 배제하고
있는 그대로의 심정들을 두루 느껴보십시오.

상대방의 마음을 있는 그대로
이해하고 느끼시다 보면,
자명한 내면의 울림이 좀 더
선명히 느껴지실 것입니다.

3. 정의(의義)

다음으로 관련된 사람들에게
내가 당하기 싫은 일을 가한 것은 없는지
두루 느껴보시기 바랍니다.

또한 자신이 부당한 대우를 받은 부분이 있다면
무엇인지 정확히 느껴보시기 바랍니다.

그리고 그것을 바로잡기 위해서는
어떤 방법을 취하는 것이,
가장 정의롭고 양심에 부끄럽지 않은지
생각해보시기 바랍니다.

우리부터 남을 나처럼 배려하고
남에게 부당한 피해를 주지 않는
청정한 삶을 살 수 있어야 합니다.
먼저 자신부터 그런 삶을 살아가지 못하면
남을 진정으로 도울 수 없습니다.

4. 예절(예禮)

다음으로 자신의 생각과 언행이
상황에 적절한지를 공정하고 초연한 안목으로
살펴보시기 바랍니다.

자신이 현재 처한 상황을 허심탄회하게
수용하고 인정하고 있는지도
아울러 바라보시기 바랍니다.

받아들여야 하는 것은
곧장 수용하고 받아들이는 것이,
상황과 조화를 이루는 자명한 일이니까요.

5. 지혜(지智)

이상의 분석을 두루 거친 다음
자신의 판단이 정말로 자명한지
뭔가 찜찜한 것은 없는지,
찜찜한 것이 있다면 어떤 부분 때문인지
명확히 따져보십시오.

자신에게 이 사안과 관련하여
선입견은 없는지,
체험에 기반을 둔 자명한 정보에 따른
판단인지도 살펴보십시오.

6. 최종결론

자, 이 모든 것을 두루 따져보아서
조금이라도 더 자명한 결론을 따르십시오.
내면에서 울리는 참나의 소리는
자명함과 찜찜함으로 우리를 인도합니다.

내면의 울림에 관심을 기울이고
4단을 하나하나 공정하게 점검하고
내면의 자명한 울림에 따라
삶의 중요한 선택을 하는 것,
이것 자체가 수행이며 빛으로 나아가는 길입니다.

이 과정 자체가 우주가 제시한
밝은 길을 따르는 길입니다.
자명한 결론이 앞길을 인도하시길 진심으로 빕니다.

양심분석은 양심의 소리를
좀 더 정확하게 듣기 위한 분석입니다.
쉬운 것부터 적용해 보시면서

조금씩 삶 전반에 적용해 보십시오.

하루하루의 분석이 쌓이다보면
어느새 삶의 기로에서
늘 자명하고 지혜로운 판단을
내리실 수 있게 될 것입니다.

여러분의 인격은 날로 성숙될 것이며
놀라운 축복들이 기다릴 것입니다.
인생 전체의 질이 확연히 달라질 것입니다.
이것이 진정한 삶의 기적입니다.

오직 영적 성숙을 지향하는 삶을 사십시오.
그것이야말로 인생 최고의 목표일 것입니다.

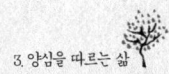

유튜브(YouTube): 양심성찰 음성가이드

깨어있음과 4단확충

깨어있음이 진통제라면
4단확충은 치료제입니다.

깨어있음이 때를 물로 불리는 것이라면
4단확충은 때를 말끔히 벗겨내는 것입니다.

그러니 깨어있음과 4단확충이 함께 갖추어져야만
에고의 업장(무지와 아집)이 정화되어
참나의 빛을 명확히 드러낼 수 있습니다.

깨어있음이 강해지면
참나의 빛이 에고를 제압하여

4단이 자연스럽게 드러나게 됩니다.

4단이 드러날 수 있는 최적의 상태가 됩니다.

4단은 참나의 가장 자연스러운 표현이니까요.

그런데 깨어있음이 강하게 느껴진다고 해도

무지(고정관념)와 아집의 업장이

너무 두텁게 참나의 빛을 가리고 왜곡시키면

4단이 제대로 드러나지 못할 수도 있습니다.

참나는 언제나 에고를 통해서 4단을 표현하기에

에고가 4단을 이해하지 못하고 실천하지 못한다면

참나의 빛이 가려져서 4단이 드러나지 못합니다.

이 경우에는 부단한 깨어있음과 4단확충으로

에고의 업장을 정화해야만

참나의 빛이 에고를 통해 터져 나오면서

4단이 온전히 드러날 수 있습니다.

자신이 이 경우에 해당하는지

철저하고 객관적인 4단분석(양심분석)으로 확인해야 합니다.

그렇지 않으면 소승적 깨어있음을 즐기다가

세월을 허송할 수 있습니다.

나의 4단의 부족은
주변 사람들이 제일 먼저 실감합니다.
그들에게 자문을 구하여 정확한 답을 찾으십시오.
그들의 지적이 4단에 비추어 정당한지 따져보시고
정당한 부분이 있다면
단호하게 인정하고 바로잡으십시오.

자신의 병을 정확히 인지할 때
진정한 치유가 일어날 것입니다.
업장이 정화될 것입니다.

6바라밀을 닦아야 하는 이유

'6바라밀'°을 통해 중생을 구제하는 것도
에고를 닦아서 이루는 것이요,
"모른다!"를 통해 침묵으로 들어가는 것도
에고를 닦아서 이루는 것입니다.

전자는 6바라밀을 전체적으로 닦는 것이며
후자는 선정바라밀을 주로 닦는 것일 뿐입니다.
모두 에고를 닦아야만 이룰 수 있는 것입니다.

° 6바라밀 : 보살이 갖추고 닦아야 할 6가지 덕목으로 ① 보시 ② 지계 ③ 인욕 ④ 정진 ⑤ 선정 ⑥ 지혜의 6가지 참나의 발현을 말함.

"모른다!" 즉 선정바라밀을 연습하듯이,
다른 바라밀도 연습해야만 자유로워질 수 있습니다.

보시, 지계, 인욕의 성취나 선정의 성취나
모두 에고가 바라밀의 닦음을 통해
얻은 성취일 뿐입니다.

우리 참나에겐 그 모든 것을
할 수 있는 능력이 본래 있지만
참나는 에고를 통해서만 그 작용을 드러내기에,

에고를 올바른 방법으로 닦아야만
선정에도 자연스럽게 들어갈 수 있고,
보시도, 지계도, 인욕도
자연스럽게 할 수 있는 것입니다.

에고가 각종 바라밀을 성공적으로 닦을수록
자연스러운 결과물의 성취가 이어지게 됩니다.
즉 애쓰지 않고도 그 상태가 이루어지게 되는 것이죠.

우리의 참나는 본래 고요하나
우리가 선정바라밀을 닦아야만
그것을 누릴 수 있는 것처럼,

보시와 지계의 능력 또한 본래 갖추고 있으나
우리가 해당 바라밀을 닦아야만
그것을 온전히 누릴 수 있습니다.

에고를 닦는다는 것은 거칠게 육체적으로 보면
뇌의 신경회로를 그 작업에 최적화시키는 것입니다.
무의식적으로도 작동할 수 있게 말입니다.

홍익학당에서 6바라밀을 강조하는 것은,
참나의 무한한 능력을 온전히 드러내기 위해서는
우리 뇌에 선정바라밀만 최적화시키지 말고
다른 바라밀들도 최적화시키라는 것입니다.
자동으로 그러한 능력들이
우리 에고를 통해 밖으로 온전히 드러나도록 말이죠.

만약 우리의 에고가

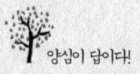

선정바라밀에만 최적화 되어 있다면,
다른 바라밀을 닦고자 하는 의욕이
감퇴될 수도 있습니다.
이 점을 유의해야 합니다.

"어떤 사람이 오직 선정만 닦는다면
마음이 가라앉게 될 것이다.
그렇게 되면 게을러져서 선을 행하지 않고
큰 자비를 멀리 떠나게 된다.
그러므로 선정과 지혜를 함께 닦아야 한다."

_ 윤홍식 역, 대승기신론

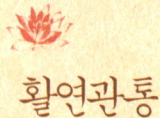

활연관통

몰입과 3박자 사고°를 통해,
사물의 너무도 자명한 원리를
하나하나 알아 가다 보면,

어느 날 문득 더 큰 그림이
선명히 보이는 때가 온다.
이를 '활연관통豁然貫通'이라고 한다.

이는 건물의 비유로 생각해 보면 쉽다.

° '3박자 사고'는 사물의 음과 양의 대립되는 2가지 측면을 두루 만족시키는 종합적인 답을 찾는 사고입니다.

우리가 알아내고자 하는
사물의 원리를 불이 꺼진 건물로 보고,

하나의 사물의 원리를
자명하게 이해하는 것을
하나의 방에 불을 켜는 것으로 보자.

불을 켜지 않고 캄캄한 중에,
건물의 구조를 추측하는 것은
자명함이 없는 추리이다.

우리는 전체 구조를 한꺼번에
이해할 수가 없다.
우선 개념과 체험을 합하기가 쉬운 것부터
즉 자명한 것부터
방의 불을 하나하나 켜 나가기만 하면 된다.

켜진 방의 불이 하나하나
늘어나서 일정 수준을 넘어서면,

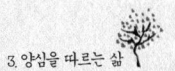

건물 전체의 불을 모두 켜지 않아도,
건물 전체의 구조가 자연히 드러나게 된다.
이것이 활연관통이다.

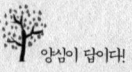

영성지능을 강화하라!

양심의 계발 정도를 헤아리는 지수를
'영성지능'(spiritual intelligence)이라고 합니다.
영성지능이란 한마디로
'인간과 사물의 본질을 꿰뚫어 보는 지능'입니다

우리의 순수한 마음인 양심에는
'나'와 '내 것'에 집착하는
이기적 에고의 작용이 없기에,

○ 윤홍식, 윤홍식, 「이것이 인문학이다」, 봉황동래, 2015

1. 나와 남을 구별하지 않으며(인仁)
2. 정의롭지 못한 어떠한 난동도 없고(의義)
3. 어떠한 부조화나 무질서도 없으며(예禮)
4. 어떠한 의심이나 자명하지 않음도 없고(지智)
5. 어떠한 불성실이나 나태함도 없습니다(신信).

이러한 '인류의 본질'을 얼마나
실감 나게 꿰뚫어 보고 이해하느냐를
재는 지수가 바로 '영성지능'입니다.

그러니 인간이 '인간의 자격'을 갖추는 데 있어서
이 '영성지능의 계발'보다 먼저 할 것은 없습니다.

현재 우리나라의 학교교육에 결여된 바도
여기에 있고, 지향해야 할 바도
바로 여기에 있다고 볼 수 있습니다.

'군자'도 별다른 존재가 아니라
'양심'이 탁월하게 계발되어
'영성지능'이 높은 존재일 뿐입니다.

영성지능이 높은 사람은
'양심'을 그대로 구현하고 실현하기에,

1. 남의 마음을 자신의 마음처럼 잘 헤아리며(인)
2. 양심상 부끄러운 짓을 하는 것을 꺼려하고(의)
3. 언행에서 겸손하여 남과 조화를 이루며(예)
4. 앎에 있어서 언제나 자명하고 명확한 진실만을 추구하고(지)
5. 이러한 4가지 모습을 성실하게 실천합니다(신).

이러한 영성지능이 높은 사람을
우리 사회는 시급히 길러 내야 합니다.
영성지능이 높은 이야 말로
진정한 '영재'이고 '천재'이며,
이 시대를 이끌 수 있는 진정한 '리더'입니다.

모든 성현과 군자와 부처와 보살도
모두 '영성지능'이 높은 분들일 뿐입니다.
영성지능이 높지 않고서는
재주가 좋을수록 더욱 큰 악당이나
사기꾼이 되고 마는 법입니다.

세종대왕께서는 이 영성지능으로
백성을 사랑하여 '한글'을 만드셨으며,
이순신 장군은 이 영성지능으로
거북선을 개발하여 나라를 지키셨습니다.

그러나 '양심'의 '영성지능'을 계발하지 않고
자신의 이익만을 추구하는 '에고의 욕망'을 바탕으로
지식과 재주만을 추구하는 사람은 그렇지 않습니다.

남의 선한 행실을 이용하여
자신에게 '이익'을 남기려 합니다.
남의 선한 말을 활용하여 자신의 추악함을 감춥니다.

군자의 양심적 말과 행사를 보고 들으면
본능적으로 이기적 에고의 마음을 일으켜,
그것을 활용하여 자신에게 '이익'을
남길 것만 생각하고 추구하는 것입니다.

그러니 양심적인 '영성지능'을 계발하지 않고
'에고의 욕망'만을 추구하는 '소인배'들에게

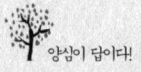

'선한 행실'을 보여주고 '선한 말'을 들려주는 것은,
도적에게 무기를 빌려주고
도적에게 식량을 꾸어 주는 격이 되고 맙니다.

선한 행실도 그 자체로 선한 것이 아니라,
영성지능에 바탕을 두고 선한 양심에서
나오는 행실일 때만 '진정한 선'이 됩니다.

선한 말도 마찬가지입니다.
그러니 소인배가 속마음을 감추고 활용하는
선한 행실과 말은 타인에게 고통을 줄 뿐입니다.

지혜와 사랑

진정으로 지혜로운 자라면
당연히 천하에 모르는 것이 없어야 옳습니다.

그러나 인간의 현실은
그렇지 못하니,

시간과 공간의 제약 때문에,
모든 것을 알 수 있는
지력이 있다고 하더라도,

천하의 모든 것을
알아내기에는

역부족일 수밖에 없습니다.

그래서 역사상 위대한
성현들은 늘 더욱 본질적이고
우선적인 것을 알아내는 데 지력을 사용하였습니다.

진정으로 인자한 자라면
당연히 천하에 사랑하지 않는 것이 없어야 옳습니다.

그러나 인간의 현실은
그렇지 못하니,

시간과 공간의 제약 때문에,
모든 것을 사랑할 수 있는
인자함이 있다고 하더라도,

천하의 모든 것을
사랑하기에는
역부족일 수밖에 없습니다.

그래서 역사상 위대한
성현들은 늘 더욱 사랑하고
친애해야 하는 존재들을
사랑하는 데 인자함을 사용하였습니다.

남의 의견을 존중하라

우리는 늘 남의 의견을
존중해야 합니다.

나의 양심이 아무리 자명하더라도,
타인의 양심의 의견을 존중해야 합니다.

타인은 자신의 양심에 근거하여,
만사를 주재해야 하기 때문입니다.

타인으로 하여금 나의 의견을
따르게 하고 싶다면,

나의 의견을 타인에게
일방적으로 강요해서는 안 되고,

타인의 양심이 밝게
드러날 수 있도록
잘 인도해야 합니다.

늘 에고를 초월한
나와 남의 중심 자리에 서서,
나와 남을 이해하여 공정하게 돌아보고,

내게 더 자명함이 있다면,
타인의 양심을 밝게 인도하고,

타인에게 더 자명함이 있다면,
나의 양심을 더욱 밝혀야 합니다.

그리하여 서로의 의견을
조화롭게 합하여,

하나의 '큰 원'(○)을
이룰 수 있어야 합니다.

이 모든 과정에서
늘 타인의 양심의 계발정도를
존중해 주어야 합니다.

우리는 각자 자신의 왕국의 주재자입니다.

따라서 나의 의견을 상대방에게
주장함에 있어서도,

국가 간의 외교의 예법에 준하는
존중과 예절을 갖추고,

상대방의 의견을 존중하고,
무례하지 않은 진실한
설득이 있어야 합니다.

남녀노소를 막론하고,

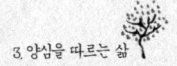

상대방을 어엿한 한 국가의
군주로 대접해야 합니다.

따라서 인간관계도
늘 상대방의 입장을 존중하며
상대방을 대해야 합니다.

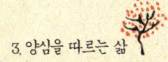

3. 양심을 따르는 삶

늘 마음을 하나로 모아 깨어있음을 유지하고,
양심에 근거하여 선과 악을 명확히 판별하며,
선을 실천하고 악을 바로잡는 것, 이것이 '인간의 길'입니다.

4
인간의 길

01

우리는 '양심'을 통해, 남도 나처럼 행복을 추구하고 고통을 피하고자 한다는 것을 너무도 잘 알고 있습니다. 그러니 어떻게 당당히 남에게 고통을 가할 수 있겠습니까? 나와 남 모두를 행복으로 인도하는 '홍익인간의 길'을 걷는 것이 옳지 않겠습니까?

02

공자님께서 말씀하셨다. "사랑(仁)에 머무는 것이 아름다우니, 사랑을 선택하여 머물지 않는다면 어찌 지혜롭다 하겠는가?"

_윤홍식 역, 논어

03

자신의 생각·감정·언행을 올바르게 경영할 수 있는 사람이야말로 '최고의 경영자'라고 할 수 있습니다. 우리는 모두 자신의 왕국의 '탁월한 경영자'가 되어야 합니다.

04

'도덕'에서 '도道'와 '덕德'이 의미하는 바는 서로 다릅니다. '도'는 인간의 걸어야 할 불변의 길(사랑·정의)이며, '덕'은 이 길을 구체적으로 걷는 것입니다. 덕의 구체적 실천이 없으면 도는 의미를 잃습니다. 걷지 않는 길은 의미가 없으니까요.

05

한 생각이 양심에 부합하는 것이 '선'이고, 한 생각이 양심에 어긋나는 것이 '악'입니다. 선의 싹이면 잘 자라도록 배양해 주고, 악의 싹이면 더 커지기 전에 제거하는 것, 이것이 진정으로 깨어있는 것입니다.

06

'깨어있음'(敬)으로 안을 곧게 하고, '정의'(義)로 밖을 반듯하게 하라!

_윤홍식 역, 주역

07

사랑하는 여러분, 우리는 이러한 약속들을 받았으니, '육체'와 '영'을 더럽히는 모든 것들로부터 우리 자신을 깨끗이 하여, 하느님에 대한 경외 안에서 온전히 거룩해집시다.

_ 고린도후서

08

어려운 일은 그것이 쉬울 때 도모해야 하며, 큰일을 할 때는 그것이 작을 때 해치워야 한다. 천하의 어려운 일은 반드시 쉬운 것에서 일어나며, 천하의 큰일은 반드시 작은 것에서 일어난다.

_ 윤홍식 역, 노자

09

편안할 때는 지키기가 쉽고 조짐이 아직 드러나지 않았을 때는 도모하기가 쉬우며, 약할 때는 깨뜨리기가 쉽고 미세할 때는 흩어지게 하기가 쉽다. 아직 생겨나기 전에 해치워야 하며, 어지러워지기 전에 다스려야 한다.

_ 윤홍식 역, 노자

10

한 생각이 일어나는 자리에서, '욕망을 따르는 길'로 가는 것을 알아차리기만 하면, 즉시 '천리를 따르는 길'로 오도록 끌어당기게 된다. 이것이 바로 재앙을 축복으로 만드는 것이며, 죽을 자리에서 살아 돌아오는 요령이다.

_ 윤홍식 역, 채근담

11

누가 혼탁한 세상에 머물면서, 만물을 고요하게 만들어 서서히 맑게 정화시킬 수 있겠는가? 누가 안락한 상태에 오래도록 머물면서, 만물을 움직여 서서히 소생시킬 수 있겠는가?

_ 윤홍식 역, 노자

12

'하늘의 도'(天道)는 친애하는 바가 없으나, 늘 선한 사람들과 함께 한다.

_ 윤홍식 역, 노자

13

최고의 선善은 물과 같다. 물은 만물을 이롭게 해주면서 다투지 않는다. 물은 모든 사람들이 꺼려하는 곳에 자리한다. 참으로 물은 도道에 가까운 존재이다.

_ 윤홍식 역, 노자

14

재산과 명예를 얻었다고 하더라도 교만하다면, 스스로 허물만 남길 뿐이다. 공덕을 이루었으면, 자신은 물러나는 것이 '하늘의 길'이다.

_ 윤홍식 역, 노자

15

나에게는 3가지 보물이 있으니 잘 챙겨서 보호한다. 첫째는 '자애로움'이고 둘째는 '단속함'이며 셋째는 '감히 천하에 앞서지 않음'이다. 자애롭기 때문에 용감할 수 있고, 단속하기 때문에 광대해질 수 있으며, 감히 천하에 앞서려 하지 않기 때문에 완성된 그릇들의 우두머리가 될 수 있다.

_ 윤홍식 역, 노자

16

성인은 쌓아두지 않는다. 남을 위하니 자기 것이 더욱 불어나며, 남에게 베푸니 자기 것이 더욱 많아진다. 그래서 '하늘의 도'(天之道)는 만물을 이롭게 하되 해롭게 하지 않으며, '성인의 도'(聖人之道)는 만물을 위해 주되 다투지 않는다.

_ 윤홍식 역, 노자

17

알지 못한다는 것을 아는 것이 '뛰어난 것'이요, 알지 못한다는 것을 알지 못하는 것이 '병'이다. 대저 오직 '병'을 병으로 여겨야 병이 없다. 성인은 병이 없으니, 병을 병으로 여기기 때문이다. 이 때문에 병이 없다.

_ 윤홍식 역, 노자

18

"저 사람보다 내가 더 지혜가 있다. 저 사람이나 나나 좋고 아름다운 것에 대해서 무지한 것은 같으나, 저 사람은 자신이 안다고 생각하고 있지만, 나는 내가 무지하다는 것을 알고 있기 때문이다. 이 작은 부분 때문에 나는 이 사람보다 더 지혜가 있다."

_ 소크라테스의 변론

19

공자님께서 말씀하시길 "자로야, 너에게 안다는 것에 대해 가르쳐 주마. 아는 것을 안다고 하고, 모르는 것을 모른다고 하는 것이 바로 '아는 것'이다."라고 하셨다.

_윤홍식 역, 논어

20

'선악의 기준'은 밖에 있는 것이 아닙니다. 우리에겐 누구나 '양심'이 있으니까요. 일체의 선입견과 욕망을 내려놓은 상태에서, '순수한 양심'이 일말의 의심 없이 옳다고 여기는 것이 '선'이며, 가책을 받고 찜찜하게 여기는 것이 '악'입니다.

21

절대계 차원에서는 '선악'의 이원성을 초월하는 것이 최고의 깨어있음이나, 현상계에서는 '선악'을 철저히 분별하여 선을 실천하고 악을 버리는 것이 최고의 깨어있음입니다. 『중용』에서는 전자를 '중심'(中)이라고 하고, 후자를 '조화'(和)라고 부릅니다.

22

인생은 참으로 '무상'합니다. 자신의 살림살이에만 집착해서는 더욱 무상해질 뿐입니다. 지금 이 순간부터 남에게 도움이 되는 일을 택하여 실천하십시오. '보람'이 충만한 삶을 살아갈 때, 우리는 무상함에서 벗어날 수 있습니다.

23

　　　　자신이 가진 것으로 중생을 기쁘게 하는 이를 '보살'이라고 합니다. 지금 곧장 자신이 가진 재능을 활용하여 남을 기쁘게 해 보십시오. 그대는 이미 보살입니다!

24

한편으로는 늘 세상을 초월한 고요함에 머물되, 한편으로는 생사윤회 속에서 아주 작은 선행도 놓치지 않는 이, 그가 바로 '진정한 보살'입니다.

25

"이것들은 '신'이 명령하신 것입니다. 저는 신에 대한 저의 이 '봉사'보다 더 크게 좋은 일은 이 나라에 없었다고 생각합니다. 제가 돌아다니면서 한 일은, 여러분들께 자신들의 '혼'이 최선의 상태가 되도록 혼에 대해서 마음을 쓰라는 것이었습니다."

_ 소크라테스의 변론

26

그대는 무슨 일을 하고 있을 때에 죽음이 찾아오기를 바라는가? 나는 널리 인류에게 이로운 고귀한 일을 하고 있을 때를 선택할 것이다.

_ 에픽테토스, 담화록

27

'참나의 각성'은 마음의 중심점을 찾는 것이며, '6바라밀의 수행'은 마음의 균형을 잡는 것입니다. 언제나 마음의 중심점을 놓치지 않으며, 어디서나 마음의 균형을 잡는 이가 바로 '보살'입니다.

28

'보살'은 열반을 바라지도 않고, 윤회를 피하려 하지도 않습니다. 보살은 애초에 열반과 윤회를 둘로 보지 않습니다. 보살은 오직 매 순간 자신의 '불성'이 지닌 '무한한 선'을 온전히 표현하는 데 최선을 다할 뿐입니다.

29

우리의 '에고'는 '나'와 '내 것'에 집중하게 만들고, 우리 몸의 '이기적 유전자'는 '내 유전자의 번식'에 집중하게 한다. 이에 반해 우리의 '영적 유전자'는 "남을 나처럼 사랑하라!"고 명령한다. 이 사이에서 균형을 잡는 것이 인간의 길이다.

30

보살은 번뇌·망상에 시달리는 생각·감정·오감을 그대로 도를 닦는 도량으로 삼습니다. 우리가 어디에 있건 오직 생각·감정·오감 속에서만 도를 닦을 수 있으니까요. 우리의 마음자리야말로 그대로 우리의 도량인 것입니다. 지금 여기서 곧장 깨어나십시오!

31

자신의 이익만을 고려한 결정은 돌아볼수록 후회가 남으나, 모두의 이익을 고려한 결정은 돌아볼수록 뿌듯할 것입니다.

32

'양심'의 4가지 속성에 따라, 역지사지(仁)·공정성(義)·예절(禮)·정보의 자명성(智)의 4가지 기준으로 결정의 옳고 그름을 따져 보십시오. 개인적인 일은 물론 정치·경제·교육 등의 모든 분야에서 가장 타당하고 자명한 답을 얻을 수 있을 것입니다.

33

'6신통'이 따로 있지 않습니다. 보고, 듣고, 냄새 맡고, 맛보고, 느끼고, 의식하는 6가지 작용이 그대로 '텅 빈 참나'의 신령한 작용인 '신통'인 것입니다. 매 순간 이 6가지 신통을 펼쳐 자신과 남을 이롭게 하는 이가 '보살'입니다.

34

지금 우리가 갖고 있는 것들 중 많은 것들은, 과거에 간절히 원했던 것들입니다. 지금 자신이 갖고 있는 것들에 대해 진심으로 만족해 보십시오! 지금 우리가 가진 것들에 만족할 수 없다면, 우리는 앞으로도 영원히 불만 속에서 살아가게 될 것입니다.

35

감동을 주고 감동을 받는 것, 삶의 의미는 여기에 있지 않을까요? 단 하루를 살더라도 말이죠!

36

"내가 당하기 싫은 일을 남에게 가하지 마라!" 이 양심에 새겨진 '자연법'에는, '자유 · 평등 · 박애'의 가치가 균형을 이루며 두루 갖추어져 있습니다.

37

그대는 신의 법률을 보지 못하고 있다. 그대 자신이 원하지 않는 것을 남에게 강요해서는 안 된다.

_ 에픽테토스, 담화록

38

양심대로 살고 싶다면, 자신의 양심이 '무엇'을 좋아하고 싫어하는지, '어디까지' 좋아하고 싫어하는지 분명하게 이해해야 합니다.

39

'양심'의 발현을 막는 업장은 크게 2가지로 '무지'와 '아집'입니다. 이를 정화하는 비결은 크게 2가지이니, ① 모르던 진리를 명확히 이해할 때 '무지의 업장'이 정화되며, ② 하지 못하던 행위를 실천으로 옮길 때 '아집의 업장'이 지워집니다.

40

내게 사랑스럽고 마음에 들지 않는 일은 남에게도 사랑스럽고 마음에 들지 않는다.

_ 잡아함경

41

사물의 선악을 잘 판단하되 이를 실천으로 증명할 때 '참된 지혜'가 이루어지며, 늘 깨어있음이 유지되어 마음이 둘·셋으로 나뉘지 않을 때 '참된 체득'이 이루어집니다.

_ 퇴계가 율곡에게 보낸 편지

42

늘 마음을 하나로 모아 깨어있음을 유지하고, 양심에 근거하여 선과 악을 명확히 판별하며, 선을 실천하고 악을 바로잡는 것, 이것이 '인간의 길'입니다.

43

마음을 챙기는 공부는, 낮에도 밤에도 멈춰서는 안 된다. 또한 길을 걷거나 머무를 때도 마찬가지이며, 앉거나 누워서도 마찬가지이다. 어느 때도 결코 멈춰서는 안 된다.

_ 포저 조익, 조선 선비들에게 배우는 마음챙김의 지혜 100

44

고요할 때의 '깨어있음'은 생각과 감정을 내려놓고 '순수한 알아차림'으로 존재하는 것이며, 움직일 때의 '깨어있음'은 양심을 가리는 욕심의 발동을 잘 알아차리고 바로잡는 것입니다. 이렇게 닦아 갈 때 우리 마음의 본체와 작용은 날로 밝아질 것입니다.

45

'감정'이 절도를 잃으면 자신의 건강을 해칠 뿐만 아니라, 자신의 인간관계도 망치게 됩니다. 나와 남이 모두 건강한 사회가 되기 위해서는 각자가 자신의 감정을 잘 돌봐야 합니다.

_ 윤홍식, 조선 선비들에게 배우는 마음챙김의 지혜 100

46

우리의 내면에 여여하게 흐르는 '참나'에게 모든 것을 맡기면서 살아갈 수 있을 때, 모든 것이 제자리를 찾게 됩니다. "나는 깨어있는가?" "나는 자명한가?"라는 질문에 당당하게 살아갈 뿐, 나머지는 모두 참나에게 맡겨야 합니다.

47

'양심'이 동의한 선택은 천만년 뒤에도 자명할 것이나, '욕심'만 동의한 선택은 선택하는 순간부터 찜찜할 것입니다.

48

@ 도움이 되셨다니 다행입니다. 모든 수행은 에고의 성숙일 뿐입니다. 에고가 성숙한 만큼 더 많은 신성을 표현할 수 있습니다. 늘 에고를 사랑해 주세요.

49

군자의 학문은 마땅히 해야 할 것을 하고, 마땅히 하지 말아야 할 것을 하지 않는 것일 뿐이다.

_ 윤홍식 역, 면우 곽종석

● 50

아무리 바쁘고 힘이 드시더라도 자신의 '양심의 소리'에 귀를 기울여 보세요. 열심히 산다고 잘 사는 것이 아닙니다. 양심에 충실하게 살아야만 후회 없는 삶을 살 수 있습니다.

● 51

이 우주를 바꿀 수 있는 법칙은 간단합니다. 천 년 뒤, 만 년 뒤에도 이 법칙은 변하지 않을 것입니다. 늘 깨어있는 정신으로, 나와 남 모두에게 이로운 선업을 짓고 또 짓는 것입니다. 성패에 흔들리지 않고 불멸의 선업을 짓고 또 짓는 것입니다.

52

언제 어디서나 '황금률'을 실천하십시오. 내가 받고 싶은 것을 남에게 베풀고, 내가 당하기 싫은 것을 남에게 베풀지 마십시오. 남을 돌아보지 마십시오. 나 자신부터 황금률을 실천하십시오. 스스로 양심에 당당해야만 남과 세상을 바로잡을 수 있습니다.

53

세상의 불의를 바로잡으려면 자신부터 양심에 떳떳해야 합니다. 우리 자신부터 '황금률'을 실천하는 삶을 살아갈 때, 행한 대로 갚아 주시는 하느님께서 반드시 이 땅에, 이 겨레에, 온 누리에 축복을 내려주실 것입니다! 그날이 멀지 않았습니다. 오직 양심입니다!

54

공자님께서 말씀하시기를 "군자는 천하에 대해서 무조건 옳은 것도 없고, 무조건 틀렸다는 것도 없다. '정의'를 따를 뿐이다."라고 하셨다.

_ 윤홍식 역, 논어

55

뛰어난 악사가 훌륭한 연주를 위해 평소에도 늘 자신의 악기를 조율하듯이, 뛰어난 군자는 천하에 양심을 펼치기 위해 평소에도 늘 자신의 마음을 '깨어있음'과 '인의예지'로 조율한다.

56

양심적인 군자에게는 3가지 두려움이 있다. 하늘의 명령(천명)을 두려워하며, 양심을 따르는 큰사람을 두려워하며, 성인의 말씀을 두려워한다. 이기적인 소인배는 하늘의 명령을 알지 못하니 두려워하지 않고, 큰사람을 업신여기며, 성인의 말씀을 깔본다.

_ 윤홍식 역, 논어

57

과학자가 과학적 진리를 탐구하듯이, 철학자는 영적 진리를 탐구합니다. 영적 진리는 우주와 인간의 본질에 대한 진리입니다. 영적 진리의 탐구는 무형의 세계를 대상으로 하기에, 과학적 진리의 탐구보다 훨씬 엄격한 엄밀성이 요구됩니다.

58

잘못된 부분을 분명히 인정하고 반성하며, 현재 바로잡을 수 있는 것은 최선을 다해 바로잡고, 다시는 그런 잘못이 반복되지 않도록 더욱 깨어서 양심적으로 살아가는 것, 그 이상의 참회는 없을 것입니다. 이러한 참회라야 긍정적인 결과를 가져올 것입니다.

59

@ 수많은 이해관계가 얽혀 복잡다단한 현실 속에서도, "자신이 당하기 싫은 일을 남에게 가하지 마라!"라는 양심의 명령에 따라, 역량껏 최선을 다해 옳고 그름을 분별해야 하겠지요.

60

@ 양심을 거스르지 않는 범위에서 버는 재산이 분수에 맞는 재산이 아닐까요. 개인마다 감당할 역량이 다를 것이니 본인 스스로 판단해야겠죠.

61

우리의 몸과 마음은 소우주입니다. 소우주와 대우주는 본래 하나입니다. 따라서 우리가 우리 몸과 마음의 비밀을 깨달을 때마다, 대우주의 신비도 우리에게 드러나게 됩니다.

62

지혜란 무엇보다 "앞에 할 것(先)과 뒤에 할 것(後)"을 정확히 아는 것이지 않았던가. 무엇보다 우리가 가장 잘 알 수 있는 것, 그것은 바로 '나 자신'이다. 그리고 이러한 '나'를 정확하게 '있는 그대로' 알게 된다면, 또 다른 '나'인 '남'에 대해서도 정확하게 '있는 그대로' 알 수 있게 되는 것이다.

_ 윤홍식, 대학 인간의 길을 열다

63

나 자신의 장단점을 정확히 알아 가다 보면, 천하의 모든 사람들이 다 고유의 신성함(양심)을 지녔음을 알 수 있으며, 또한 모두 다 인간적 약점과 아픔을 지녔음을 알 수 있게 된다는 말이다. 그래서 '나'를 제대로 알고 나면 '남'을 이해하게 된다.

_ 윤홍식, 대학 인간의 길을 열다

64

우리들 하나하나가 '뜻'을 원대히 갖되, 시작은 지금 처해 있는 '현실'에서부터 한 걸음씩 걸어 나가야 할 것이다. 멈추면 곧 후퇴하는 것이 된다. 아무리 작은 것이라도 하나씩 하나씩 꾸준히 한다면 반드시 이루어질 것이다. 이것이 '인과因果법칙'이고, 이것이 '자연의 법칙'이다.

_ 윤홍식, 대학 인간의 길을 열다

65

'마음'은 우리의 육신을 주재하여, 생각하고, 말하고, 행동하는 모든 것을 주관합니다. 그리하여 선업善業을 쌓기도 하고 악업惡業을 이루기도 하면서 우주 간을 수놓게 됩니다.

_ 윤홍식, 조선 선비들에게 배우는 마음챙김의 지혜 100

66

'명상'이 결코 '일'을 대신할 수는 없습니다. 인류는 항상 그 시대의 과업을 몸으로 완수함으로써 발전해 왔습니다. 단순히 고요한 마음을 유지하는 것만으로 발전해 온 것이 아닙니다. 항상 대아적인 마음을 가지고 빈틈없이 시대의 과업을 완수해야 합니다. 이것이 선비의 길입니다.

_ 윤홍식, 조선 선비들에게 배우는 마음챙김의 지혜 100

67

우리가 '진리'를 자명하게 인정할 수 있는 것도, '선'을 확고하게 실천할 수 있는 것도, '아름다움'을 심오하게 느낄 수 있는 것도, 모두 우리 내면에 존재하는 '신성한 양심'의 힘 때문입니다. 잠자고 있는 내면의 신성한 힘을 곧장 깨어나게 하십시오!

68

'창조성'에 기반 한 정치 · 경제 · 문화를 이룩해야 한다. 창조성은 몰입 · 신바람과 양심 · 자명함에서 나온다. 몰입과 신바람으로 양심과 접속하여 양심의 힘을 끌어낼 수 있어야 하며, 자명함으로 양심의 힘을 활용하여 삶의 의미를 이해하고 삶의 보람을 창조할 수 있어야 한다!

69

소아적 효율성(나에게 이로운가?)과 단기적 이익에 집착하는 꼼수를 버리고, 대아적 효율성(모두에게 이로운가?)과 장기적 이익을 추구하는 양심적이고 자명한 창조성을 선택하라!

70

'양심'은 욕심의 창조적이며 합리적인 조정자이다! 양심에는 어떠한 욕심도 모두에게 이익이 되게 합리적으로 조정할 수 있는 지혜와 힘이 있다. 따라서 양심의 전문가인 보살과 군자는 욕심을 부정하는 존재가 아니라, 욕심을 합리적으로 조정하는 존재이다.

71

양심은 진선미를 아우르는 창조성의 근원이다. 우리는 진선미를 활용하여, '진리'로는 학문을, '선함'으로는 공정한 제도를, '아름다움'으로는 예술을 창조한다. 우리가 누리는 모든 문화는 양심의 창조성에 뿌리를 두고 있다.

72

선입견과 사욕이 없는 우주는 어떤 위기도 돌파할 수 있는 무한한 창조력을 지니고 있다! 따라서 개체성을 초월하여 우주적인 마음인 양심도 무한한 창조성을 지니고 있다.

73

무지와 욕심이 창조력을 막는다! 자명함과 역지사지로 홍익인간을 추구할 때, 양심에서 무한한 창조성이 나온다. 세종대왕의 한글과 이순신 장군의 거북선은 모두 이러한 양심의 창조성에서 나온 것이다. 양심의 자명함을 따르라! 남의 아픔을 진심으로 이해하고, 오직 자명한 것만을 옳다고 여겨라! 이것이야말로 내면의 창조성을 끌어내는 최고의 비법이다.

74

양심적인 리더는 창조적인 리더이다. 편견과 사욕으로 양심을 어길수록, 그는 비창조적인 리더가 된다. 역사는 창조적 리더들의 출현으로 진보하며, 비창조적 리더의 출현으로 퇴보한다.

75

창조적 리더는 어떤 일에 직면했을 때, 자신의 편견과 사욕을 버리고, 모두에게 이롭고 진실에 기반을 둔 자명한 결론을 내리고 실천할 수 있어야 한다. 이때 그는 창조하는 양심 그 자체가 된다.

76

       양심적 리더는 '우주법'을 이해하고 활용하여, 우주적 창조성을 지상에 구현하는 존재이다. 우리는 나와 남 모두를 위하라는 '우주법의 명령'을 존중하여, 남에게 쓸모 있는 존재가 되어야 한다! 그래야만 우리는 우주를 닮아 창조적일 수 있다. 따라서 언제 어디서나 최선을 다해 win-win을 추구해야 한다. 우리가 우주심인 양심을 따라 남을 배려하고 자명한 진실을 추구할 때, 우리의 창조성은 무한해진다.

77

자신이 좋아하고 잘 할 수 있는 일, 나와 남 모두에게 이로운 일, 진실에 기반을 둔 자명한 일에 목숨을 걸고 몰입하라! 이것이야말로 무한한 영감과 창조력을 끌어내는 최고의 비결이다. 이 비결만 안다면 우리는 어떠한 현실적 위기도 창조적으로 돌파할 수 있다. 위의 조건에만 부합한다면 일의 크고 작음에 상관없이 최선을 다해야 한다. 아무리 사소한 일에 몰입하더라도, 그 일에서 얻은 영감과 창조력은 우리를 더 큰 일로 인도할 것이다.

• 78

현실의 한계에 짓눌려 더 이상 창조력을 끌어낼 수 없다고 스스로 억측하고 포기하는 일, 이것이야말로 우주적 영감과 창조력을 스스로 차단하는 최고의 비결이다.

• 79

좋아하고 잘 할 수 있어야만 몰입이 가능하고, 나와 남 모두에게 이로워야만 몰입이 끊임없이 강해질 수 있으며, 진실에 기반 한 자명함을 갖추어야만 몰입이 현실적 창조로 이어질 수 있다.

80

　　　　군자는 '인의예지'의 창조성으로 부가가치를 창조하여 수기치인修己治人을 이루며, 보살은 '6바라밀'의 창조성으로 부가가치를 창조해서 자리이타自利利他를 이룬다. 양심적 리더는 우주적 창조성을 활용하여, 널리 인류를 이롭게 할 불멸의 작품을 창조하는 자이다.

81

　　　　양심의 지혜와 능력인 '6바라밀'을 창조적으로 활용하여, 정치·경제·문화의 각 방면에서 불멸의 선업을 창조하는 것이 '창조바라밀'이다. 군자와 보살은 창조하는 자이다. 창조하는 양심이다. 양심적 리더들이 창조바라밀을 펼쳐 널리 인류를 이롭게 할 때, 인류는 자연히 새로운 시대로 나아갈 수 있다.

82

불가의 보살이 자신의 '진심眞心'이 이끄는 대로 "자신을 이롭게 하고 남을 이롭게 하자!"(自利利他) "위로는 지혜를 구하고, 아래로는 중생을 구제하자!"(上求菩提 下化衆生)라는 가르침을 닦아 가듯이, 유가의 군자는 자신의 '양심良心'이 이끄는 대로 "나를 닦고 남을 다스리자!"(修己治人) "타고난 양심을 다시 밝혀내어, 백성들이 날로 새로워지게 도와주자!"(明明德 新民)라는 가르침을 닦아 갑니다.

_ 윤홍식, 논어 양심을 밝히는 길

83

양심적 리더·창조적 리더들은 언제 어디서나 편견과 아집에서 벗어나, 나와 남 모두에게 이로운 창조적 해법을 내놓을 수 있다. 그리하여 널리 인간을 이롭게 한다. 이러한 일이 가능한 것은 그들이 욕심의 합리적 조정자인 '양심'의 전문가이기 때문이다.

84

'약육강식주의자'들인 소인들이 사회의 전권을 쥐어서는 안 된다. '홍익인간주의자'들인 군자들이 사회의 전면에 나서서, 정치·경제·교육·문화 곳곳에서 공익과 사익을 냉정하게 저울질해 보아 하나씩 하나씩 바로잡을 때, 더불어 잘 사는 대동사회는 이루어지는 것이다.

_ 윤홍식, 대학 인간의 길을 열다

인간의 신성한 임무

법을 엄정하게 집행하여
법을 잘 지킨 이에게 상을 주고
어긴 이에게 벌을 주는 것은 '국가의 책임'이지만,
법을 지켜서 상을 받느냐
어겨서 벌을 받느냐는 '국민의 책임'입니다.

마찬가지로, '인과법칙'을 엄정하게 집행하여
선한 이에게 복을 주고
악한 이에게 화를 주는 것은 '신의 책임'이라 하더라도,
선업을 지어서 복을 받고
악업을 지어서 화를 받는 것은 '인간의 책임'입니다.
오직 '인간'만이 선업을 지을 수도 있고

악업을 지을 수도 있습니다.
이것은 '신'이 해결해 줄 수 없는 문제입니다.
오직 인간만이
인간의 인과와 미래를 바꿀 수 있습니다.

그래서 『논어』에서 공자님께서
"오직 인간이 진리(道)를 넓힐 수 있다!
진리가 인간을 넓혀주지 못한다!"라고 하신 것입니다.

그러니 '명상'을 통해
'신'과 하나가 되는 것도 중요하지만,
'신의 법칙'을 잘 헤아려
생각과 말과 행동으로 '불멸의 선업'을 짓는 것이야말로
인간이 할 수 있는 최고의 '신성한 임무'입니다.

이 신성한 임무를 잘 수행한 사람만이
'인간 중의 인간' 즉 '성인聖人'이라고 할 수 있습니다.
그래서 『중용』에서
"지극한 덕(실천)이 아니면
지극한 진리(道)가 모일 수 없다!"라고 한 것입니다.

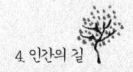

4. 인간의 길

그래서 '성인'들은 늘 "자비를 실천하라!"
"남을 나처럼 사랑하라!"
"하느님의 말씀을 실천하는 것이 나의 양식이다."
"널리 인간을 이롭게 하라!"라고 하셨던 것입니다.
명상은 이 '신성한 임무'를 대신하지는 못합니다.

하루하루를 '신의 목소리'인
'양심의 인도'에 따라 살아가며,
자신에게 주어진 '재능'을 최대한 계발하여
널리 인간을 이롭게 하는 불멸의 선업을 지으십시오!

자신에게 주어진 재능을 최대한 활용하여
전 인류에 쓸모 있는 사람이 되십시오!

이것이야말로 가장 보람 있는 삶이며
인간이 할 수 있는 최고의 수행입니다.
모든 성인들이 걸으셨던 '인간의 길'입니다!

영적인 진리의 탐구

1.

우리는 과학적 진리를 추구함에 있어,
뉴튼·아인슈타인 등 위대한 학자들의
도움을 받아 오늘날의 수준에
이르게 되었습니다.

그들이 없었다면 오늘날의
과학적 성취는 없었을 것입니다.
하지만 우리는 그들을 맹신하지 않습니다.

그들이 밝힌 진리들을

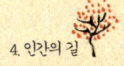

종합하고 객관적으로 분석하면서
더욱 자명한 과학적 진리들을 추구할 뿐입니다.

그런데 우리는 영적·철학적 진리를
추구함에 있어서는 정반대의 태도를 취합니다.

위대한 성자들이 밝힌 영적 진리를
객관적으로 이해하고
더 나은 영적 진리를 밝히려고 하지 않고
성자들을 맹신하려 합니다.

그러한 맹신은 성자들의 뜻에도
위배될 뿐만 아니라
영적 진리의 추구에도 장애가 될 뿐입니다.

과거 성자들 또한 그들의 시대적 맹신을
과감히 넘어설 수 있었기에
영적 진리를 밝혀내실 수 있었습니다.

과거 위대한 성자들을 본받아

자신에게 주어진 시간 안에서
최선을 다해 영적 진리를 밝혀 가는 것,

이것이야말로 진정으로 성자들의 뜻을 이어
'인간의 길'을 개척하는 일일 것입니다.

2.

과학자가 과학적 진리를 탐구하듯이
철학자는 영적 진리를 탐구합니다.
영적 진리는 우주와 인간의 본질에 대한 진리입니다.

영적 진리의 탐구는 무형의 세계를
대상으로 하기에, 과학적 진리의 탐구보다
훨씬 엄격한 엄밀성이 요구됩니다.

자신이 상대방에게 받기를 원하는 것을
남에게 베풀라는 '양심의 명령'이야말로,
우주와 인간의 본질을 함축하는 진리입니다.

우주는 본래 하나이며
인간은 서로 사랑해야 합니다.
이 진리를 온전히 이해하고 체득하는 것이
'영적 탐구'의 핵심입니다.

3.

철학자는 '영적 진리'를 탐구하는 존재입니다.
영적 진리를 잘 알고 잘 활용하는 이가 성인입니다.

영적 진리가 밝혀지지 않고
과학적 진리만 밝혀지면,
인간은 균형을 잃게 됩니다.
인류는 영적 진리에 토대를 두고
살아가기 때문입니다.

영적 진리를 탐구하는 효과적인 방법은
영혼에서 공정하게 그 진리를 실험하는 것입니다.

영적 진리는 우주와 인간의 본질에 대한 진리로,

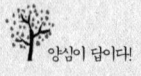

'영원한 법'이며 '우주의 법'입니다.
4단의 분석을 통해 끝없이 영적 진리를 실험하여
그 명확함을 확보해야 합니다.
"양심은 진실로 4단의 실천을 원하는가?"
"4단에 따르면 선한 결과가 실제로 오는가?"
"우주는 4단으로 경영되고 있는가?" 등을
탐구해야 합니다.

기질에 상관없이 과학적 진리를 잘 이해하고
잘 활용하는 이가 유능한 과학자인 것처럼,
성인도 기질에 상관없이 영적 진리를
잘 이해하고 활용하는 존재일 뿐입니다.

기질의 차이는 중요하지 않습니다.
영적 진리를 아는 이는
영적 진리의 인과관계를 자명하게 알기에
이 진리를 어기지 않고 존중할 뿐입니다.

영적 진리를 자명하게 아는 이는
절대로 영적 진리를 어기지 않습니다.

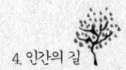

그래서 무지가 악인 것입니다.

제대로 알면 죄를 짓지 않습니다.

군자의 길, 5단의 실천법

한편으로는 양심의 각성을 통해

희로애락의 중심이 되는 천하의 뿌리에 거하며(中, 중심),

한편으로는 5단의 확충을 통해

희로애락을 잘 경영하여

천하의 정도를 걷는(和, 조화) 이가 '군자'입니다.

'양심의 각성'이 없이는

천하의 뿌리에 머물 수 없으며,

○ 여기서 5단端이라고 함은, 측은지심(인)·사양지심(예)·수오지심(의)·시비지심(지)의 양심의 4가지 싹에, 신뜸의 싹인 성실지심을 추가한 것을 말합니다. 이는 퇴계 이황의 『성학십도 聖學十圖』에 근거한 것입니다.

'5단의 확충'이 없이는
천하의 정도를 걸을 수 없습니다.
'양심의 각성'은 '마음의 중심점'을 찾는 것이며
'5단의 확충'은 '마음의 균형'을 잡는 것입니다.
이 둘을 두루 갖추고 나와 남을 다스려
널리 천지와 만물을 돕는 이가 '군자'입니다.

에고가 어려운 이를 도우려 하지 않을 때도
곧장 양심을 돌아보십시오.
양심은 결코 나와 남을 둘로 보지 않습니다.
'측은지심'을 확충하여 '사랑'(仁)을 실천하십시오.

에고가 불의와 타협하려 할 때도
곧장 양심을 돌아보십시오.
양심은 결코 불의와 타협하지 않습니다.
'수오지심'을 확충하여 '정의'(義)를 실천하십시오.

에고가 남에게 무례하게 굴려고 할 때도
곧장 양심을 돌아보십시오.
양심은 결코 남에게 무례하지 않습니다.

'사양지심'을 확충하여 '예절'(禮)을 실천하십시오.

에고가 선악과 시비를 명확히 가리지 못할 때도
곧장 양심을 돌아보십시오.
양심은 결코 어리석거나 무지하지 않습니다.
'시비지심'을 확충하여 '지혜(智)를 실천하십시오.

에고가 나태하고 게으를 때도
곧장 양심을 돌아보십시오.
양심은 결코 게으르지 않습니다.
'성실지심'을 확충하여 '성실'(信)을 실천하십시오.

5단의 확충은 '참나의 작용'이며
'참나의 각성'은 5단의 뿌리입니다.
이러한 본체와 작용을 두루 갖추고서
천지를 돕고 만물을 잘 길러 주는 것,
이것이야말로 인간이 걸을 수 있는
최고의 길인 '군자의 길'입니다.

보살의 길, 6바라밀의 실천법

한편으로는 참나의 각성을 통해
늘 세상을 초월한 고요함에 머물되,
한편으로는 6바라밀의 실천을 통해
생사윤회 속에서 아주 작은 선행도
놓치지 않는 이가 '보살'입니다.

'참나의 각성'이 없이는 고요함에 머물 수 없으며
'6바라밀의 실천'이 없이는
공덕을 완수할 수 없습니다.
'참나의 각성'은 '마음의 중심점'을 찾는 것이며
'6바라밀의 실천'은 '마음의 균형'을 잡는 것입니다.

이 둘을 두루 갖추고 나와 남을 이롭게 하여
널리 중생을 돕는 이가 '보살'입니다.
'바라밀'이란 '궁극, 완성'이라는 의미가 있으니
보시바라밀은 보시의 궁극이자 완성입니다.

집착을 가진 '에고'로 하는 보시는
궁극의 보시가 아닙니다.
무집착의 '참나'로 하는 보시만이 궁극의 보시입니다.
그러니 6바라밀의 실천은
오직 '참나각성'으로 가능합니다.

에고가 어려운 처지의 사람을
그냥 무시하자고 할 때,
에고와 싸우지 말고
먼저 "오직 모른다!"라고 하여
참나와 하나가 되십시오(선정바라밀).

이 점이 중요합니다!
에고와 싸우지 마십시오.
에고와 싸워서는 '에고 놀음'에 빠질 뿐입니다.

곧장 '참나'와 하나가 되면(참나의 각성)
나와 남을 가르지 않는 참나의 힘으로
자연스럽게 남을 도울 수 있게 될 것입니다.
이것이 '보시바라밀'입니다.

에고가 온갖 욕망에 흔들릴 때도
곧장 참나를 돌아보십시오.
참나는 결코 욕망에 흔들리지 않습니다.
욕망에 흔들리지 않는 참나의 힘으로 유혹을 이겨 내십시오.
이것이 '지계바라밀'입니다.

에고가 상황을 받아들이지 못하고
분노로 이글거릴 때도
곧장 참나를 돌아보십시오.
참나는 결코 분노에 이글거리지 않습니다.
상황을 있는 그대로 수용하는
참나의 힘으로 분노를 녹여 내십시오.
이것이 '인욕바라밀'입니다.

에고가 나태해지고 게을러질 때도

곧장 참나를 돌아보십시오.
참나는 결코 게으름에 빠지지 않습니다.
게으름을 모르는 참나의 힘으로 게으름을 극복하십시오.
이것이 '정진바라밀'입니다.

에고가 흔들리고 산란해질 때도
곧장 참나를 돌아보십시오.
참나는 결코 요동하거나 산란하지 않습니다.
산란함을 모르는 참나의 힘으로 산란함을 다스리십시오.
이것이 '선정바라밀'입니다.

에고가 어둡고 어리석어질 때도
곧장 참나를 돌아보십시오.
참나는 결코 어둡고 어리석지 않습니다.
지혜롭고 광명한 참나의 힘으로 무지를 극복하십시오.
이것이 '지혜바라밀'입니다.

6바라밀의 실천은 '참나의 작용'이며
'참나의 각성'은 6바라밀의 뿌리입니다.
이러한 본체와 작용을 두루 갖추고서

온 우주의 중생을 널리 교화하고 돕는 것,
이것이야말로 인간이 걸을 수 있는
최고의 길인 '보살의 길'입니다.

진정한 인간의 길

『중용』 제1장에서는 다음과 같이 가르칩니다.

"하느님께서 인간에게 명령하신 것이
인간의 '본성'이며, 이것을 잘 따르는 것이
인간이 걸어야 할 '길'이다."
(天命之謂性 率性之謂道)

인간의 본성은 바로 하느님이
인간에게 품으신 성스러운 뜻이니,
하느님의 명령·뜻대로 온전히 살기만 하면
인간으로서 최선의 삶을 살 수 있는 것입니다.

본성을 그대로 구현할 수만 있다면
우리는 영성지능을 최고로 발휘하여
최고의 인간인 '성인'이 될 수 있는 것입니다.

동서양의 모든 성인들은 한결같이
'자신의 뜻'(욕심)대로 살지 않고
'하느님의 뜻'(양심)대로 사신 분들입니다.

그래서 기독교에서 예수님을
'하느님의 뜻' 즉 '로고스'(진리)
그대로 사신 분이라는 의미에서,
'진리 그 자체가 육신을 지니고 오신 분'이라고 기리는 것입니다.

예수님께서 "나는 '내 뜻'을 이루려고
온 것이 아니고 나를 보내신 '하느님의 뜻'을
이루려고 이 세상에 왔다."라고 하신 것도
바로 이런 이유 때문입니다.

예수님만이 아니라 모든 성인들이
모두 '하느님의 뜻'을 지상에 이루기 위해

성인으로, 혹은 밝은 임금으로 오신 것입니다.

예전 동방의 성군이시던
순임금께서 우임금께 전한
"양심은 미약하고 욕심은 위태로우니,
양심을 정밀하게 밝혀내고 충실히 따라야만
'중심'을 잡을 수 있을 것이다."라는 가르침도,

결국 하느님의 뜻을 정밀하게 이해하고
충실히 따를 때, 인간으로서 최선의 길인
'중도中道'를 걸을 수 있다는 것일 뿐입니다.

지금 이 순간부터
생각하고 행동하는 모든 순간에
깨어있는 마음으로 진지하게 고민합시다.

"지금 이 순간 나의 생각과 말과 행동은
'하느님의 뜻'(양심)에 합치하는가?"
"지금 이 생각은 '내 뜻'인가?
'하느님의 뜻'인가?"라고 말입니다.

지금 이 순간 모든 것을 이해할 필요는 없습니다.
지금 이 순간 자신의 양심에 당당하며
자명한 진리라고 확신하는 것부터 실천하십시오.
그것을 100% 실천하는지 자신을 돌아보십시오.

그리하여 이미 알던 것이 100%
내 것이 되고 나면,
그다음 알아야 할 것이 자연스럽게 나오게 됩니다.

이런 식으로 자신이 익히 알고 있는
'하느님의 뜻'부터 실천으로 옮겨서,
하느님의 뜻을 조금씩 밝혀 가는 삶을 살아야 합니다.

우리는 나와 남에게 모두 행복을 주는 것이
'선善'이라는 것을 알며,
나와 남 모두에게 고통을 주는 것이
'악惡'이라는 것을 익히 알고 있습니다.

그리고 모든 우주 창생을 창조하신
'하느님의 뜻'이, 우주의 모든 존재들을

4. 인간의 길

두루 유익하게 하는 '선'에 있고
'악'에 있지 않다는 것도 잘 알고 있습니다.

따라서 우리가 태어날 때부터
마음속에 깊이 새겨져 있는 '하느님의 뜻'도
'선'을 원하고 '악'을 싫어하는 것임도
잘 알 수 있습니다.

그러나 우리가 매 순간
생각 · 감정 · 행위를 할 때
이대로 살지는 않습니다.

"나 하나 잘 살자!"라는 '에고의 욕망'을 따르면서
'하느님 뜻'대로 살지 못하기 때문입니다.
이것이 우리의 실정입니다.

우리는 지금 이 순간부터
'깨어있는 마음'을 잘 지키고 유지함으로써,
매 순간 '선과 악'을
잘 구별할 수 있어야 합니다.

다행히 하느님께서는 우리의 마음에
언제 어디서나 '선'을 가리키는 나침반을
하나씩 개설해 놓으셨습니다.
우리는 우리 마음속에서 울려 퍼지는
'하느님의 목소리' 즉 '양심'만 잘 주시하면 됩니다.

그리하여 '양심'에 물어보았을 때
자명하게 '선'이라고 확신이 드는 것은,
'하느님의 뜻'에 합치되고
우리의 '본성'에 합치되는 것이니
반드시 실천에 옮겨야 할 것입니다!

자명하게 '악'이라고 확신이 드는 것은,
하느님의 뜻에 위배되는 것이며
우리의 본성에 위배되는 것이니
결단코 실천에 옮겨서는 안 됩니다!

매 순간, 매일 이것을 실천에 옮기시고,
이것을 습관화하십시오.
습관화하지 못한 선행은 일시적일 뿐입니다.

자꾸 습관화하여 언제 어디서나 무의식적으로
선을 행하고 악을 하지 않는 버릇이 나와야 합니다.

진리에 대한 '무지'가 우리를 가로막으면
개인적인 편견이나 이해득실을 떠나서
진리를 있는 그대로 이해하는 '지혜'로 이를 극복하며,

타인을 무시하는 '아집'이 우리를 가로막으면
내 마음을 비추어 보아
남에게 당해서 좋았던 일은 남에게 베풀고
남에게 당해서 싫었던 일은 남에게 가하지 않는
'사랑과 정의'로 이를 극복하십시오!

나날이 무지는 줄어들고 아집은 소멸하며,
나날이 지혜는 밝아지고
사랑·정의는 증장하는 본성을 따르는 삶을 사십시오.
이것이 하느님의 뜻 그대로 살아가는
'인간의 길'입니다!

우리는 온전히 '하느님의 뜻'

즉 '본성'과 '양심' 그대로
생각하고 말하고 행동하며
살아가는 경지에 도달해야 합니다.

이러한 경지에 이르는 것이야 말로
예수님이 말씀하시는
'내 뜻'대로 말고 '하느님 뜻'대로 사는 경지이며,

예전 선비님들이 말하시던
천리(양심)는 보존하고
그릇된 욕심은 틀어막는 성인의 경지입니다.

이것이야말로 본성과 양심을
온전히 따르는 삶을 사는 비결이며,
영성지능을 강화하는 최고의 비결입니다.

성현의 길을 묻는 분께 답함

뜻이 있으면 반드시 길이 있습니다.
정확한 길 즉 방법을
몸과 맘으로 익히고 닦아 가신다면
반드시 그 뜻을 이루시게 될 겁니다.

역대 성현들도 모두 동일한 방법으로,
즉 뜻을 크게 세우고
올바른 방법으로 자신을 갈고 닦아
그 자리에 가셨습니다.

역대 성현들이 걸으신 길을
크게 3가지로 요약해 보겠습니다.

참고하시기 바랍니다.

1. 항상 깨어있기

먼저 자신의 정신을 항상 깨어있게 유지하여
자신의 '참나'를 명확히 체득해야 합니다.

정신이 깨어있지 못해서는
자신의 장점과 단점이 명확히 보이지도 않고,
가야할 길도 보이지 않게 됩니다.

한밤중에는 길을 걷지 못합니다.
밝은 태양이 떠야만 사물이 훤히 보이죠.

지금 뭔가 초조해지고 뭔가 답답하다면
이러한 상태를 더 악화시키지 마시고,
먼저 자신의 정신이 고요한지,
밝은지를 살펴보시기 바랍니다.

정신이 긴장하고 초조해지면 시야가 좁아지고,

자꾸 실수만 나게 마련입니다.
긴장과 초조에서는 올바른 답이 나오지 않습니다.
성현이 되기 위해서는
항상 자신의 마음을 여유롭고 밝게
유지할 수 있어야 합니다.

따라서 성현이 되어야 한다는 것에도
너무 집착하지 마시고,
틈나는 대로 꾸준히 깨어있는 정신만 잘 지키십시오.
깨어있는 정신에서 좋은 생각이 나오고,
깨어있는 정신에서 좋은 말, 좋은 행동이 나옵니다.

2. 있는 그대로 바라보기

항상 깨어있는 정신으로
자기 마음의 장단점과 세상 돌아가는
이치를 있는 그대로 관찰해서
자신이 가야 할 길을 명확히 정립해야 합니다.

물론 모든 것을 한 번에

다 정립하려고 하지 마십시오.
자신이 아는 만큼 하나씩 정립해 나가면 됩니다.
역대 성현들도 모두 이러한 투철한 관찰로
그 자리에 가셨습니다.
현실에 위배된 판타지에 도취해서는
절대로 성현의 경지에 이를 수 없을 겁니다.

성인들의 경전이나 언행을 많이 참조하시고
항상 손에서 놓지 마십시오.

3. 생각과 언행을 바로잡기

자신의 장단점을 정확히 알아서
일을 처리할 때나 남을 대할 때,
자신의 마음을 올바른 방향으로
잘 길들일 수 있어야 합니다.

생각은 말을 낳고, 말은 행동을 낳습니다.
마음을 길들이는 첫 시작은
한 생각을 올바르게 하는 것입니다.

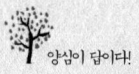

마음속에 한 생각이 떠오를 때마다
그냥 방치하지 마시고,
"이 생각은 이기적이지 않은가?"
"이 생각은 100% 옳은 것인가?" 등을 잘 따져 보고,
자신이 아는 한에서 가장 올바른 방향으로
자신의 생각을 정립해 나갈 수 있어야 합니다.

그리고 생각한 것은 반드시
말과 행동으로 실천하도록 노력하십시오.

1회성에 그치는 좋은 생각,
좋은 언행은 우리를 구원해 주지 못합니다.
좋은 생각과 좋은 언행이 '습관'으로 정착하여
자신의 '제2의 천성'이 되도록 노력하십시오.

역시 집착하고 긴장하면 오히려 일을 망치게 됩니다.
당장 습관으로 정착하지 못하더라도
여유 있게 이완된 마음을 가지고 자주 반복하여,
좋은 습관이 몸에 자연스럽게
젖어들도록 하시기 바랍니다.

당장 효과가 나지 않는다고 조급해하면
마음이 긴장하고 요동하게 되어
정신이 어두워집니다.

깨어있지 못한 마음에서는
어떠한 지혜도 어떠한 인격도 나오지 못합니다.
참고하십시오.

완전한 인간, 성인의 경지

성인(성스러운 인간)은 '인의예지'의 마음이
온전히 발현되는 경지일 뿐이다.

그래서 남에게 나라면 원했을 것을 베풀며,
나라면 원하지 않는 것을 베풀지 않는다.
예절에 맞게 보고 듣고 말하고 행동하며
인의예지의 본질과 작용을 명확히 이해한다.

이상의 자질을 온전히 갖춰
인간으로 자립한 이가 성인이다.

그러나 참나는 에고를 통해서만 표현되니,

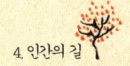

인의예지의 양심이 에고에 의해
제약되는 것은 성인이라도 동일하다.
다만 제약 속에서도 양심이 온전히 작용한다는 점에서 성인이다.

성인은 비록 에고가 지닌 한계로 인해
인식의 장애와 경험의 제약은 있으나,
더 많은 정보와 경험을 얻을수록
점점 더 전지·전능에 다가갈 것이다.

우주 대장부의 삶

생각과 감정과 오감의 세계는
창조 이후의 나이며,
생각과 감정과 오감의 초월은
창조 이전의 나이다.
생각·감정·오감을 초월하여 존재하라!

나의 본체는 생각과 감정과 오감을
초월하여 존재한다.
현상계는 그곳이 천국이건 지옥이건 물질계이건
모두 생각과 감정과 오감으로
이루어진 세계일 뿐이다.

우리가 살아서 생각과 감정과 오감을
초월할 수 있다면
이는 이승과 저승을 통괄하여
현상계를 모두 초월한 것이다.

태어나도 태어난 것이 없으며
죽어도 죽는 것이 없다.
이러한 경지를 누리고 사는 이가 참으로 대장부다!

이러한 대장부가 물질계에 그 몸을 나타내고
천국에 그 몸을 나타내고
지옥에 그 몸을 나타내는 것은,
생각과 감정과 오감으로 빚어낸
참나의 각종 변주일 뿐이다.

생각과 감정과 오감 이전의 참나를 아는 대장부는
이 현상계 어느 곳에 그 몸을 나타내건
시공을 초월한 주인공 자리를 잃어버리는 일이 없어
언제 어디서나 중도中道를 걷는다!

시공을 초월하지 못함을 안타까워하지 말고
시공에 얽매여있음을 한스러워하지 말고
지금 이 순간 우리의 내면에
또랑또랑 존재하는 참나를 기억하라!

참나를 기억하고 그것과 접속되는 순간
우리는 시공을 초월하게 될 것이다.

생각과 감정과 오감을 자유자재로 활용하되
그것에 집착하지 말아야 참된 자유인이다.

태어나서 늙고 병들고 죽는 것과
천국에 태어나 온갖 영화를 누리는 것,
이 모두는 현상계 내의 일일 뿐이니
그 자체에 집착해서는 안 된다.

일상사에서 항상 참나를 기억하고
잊지 말아야 하리라!
오직 이것만이 우리를 현상계에서
초월시켜 줄 수 있다.

참나를 잊어버린 삶은
생사에 구애를 받는 구속된 삶이요,
참나를 기억하는 삶은
생사에서 자유로운 대자유의 삶이다.

인간은 하늘을 닮아
시공을 초월한 불변不變의 존재이며,
인간은 땅을 닮아
시공의 제약을 받는 만변萬變의 존재이다.

시공을 초월한 참나를 기억하고
현상계에 표현된 참나의 온갖 모습들과
울고 웃으며 더불어 사는 것,
이것이야말로 참된 인간의 길이다.

"내가 당하기 싫은 일을 남에게 가하지 말자."라는
양심과 상식이야말로 정의의 참된 근거입니다.

5
정의란 무엇인가?

01

요즘 '정의'가 사회적 화두가 되었는데, 정의란 어려울 것이 없습니다. "자신이 당하기 싫은 일을 남에게 가하지 마라!"라는 '양심의 소리'를 따르는 것이야말로, 정의의 본질이니까요.

02

거친 밥을 먹고 물을 마시고 팔을 베고 누워 있더라도, 즐거움이 그 안에 있다. 정의롭지 못한 부귀는 나에겐 뜬 구름과 같다.

_윤홍식 역, 논어

03

천하의 넓은 곳에 거처하며(인), 천하의 바른 자리에 서며(예), 천하의 큰 길을 걷는다(의). 뜻을 얻으면 백성과 함께 그 길을 걸으며, 뜻을 얻지 못하면 홀로 그 길을 걷는다. 부귀로도 그를 타락시킬 수 없고, 빈천으로도 그를 움직일 수 없으며, 권위와 무력으로도 그를 굴복시킬 수 없다. 이러한 자를 이른바 '대장부'라고 한다.

_윤홍식 역, 맹자

04

정의롭지 못한 것은 불경한 것이다. 왜냐하면 '우주의 본성'은 이성적인 동물들이 각자 역량에 따라 서로 해치지 않고 서로 돕도록 만들었기 때문이다. 그러므로 '신의 뜻'을 위반하는 자는, 명백히 신을 거스르는 죄를 짓는 것이 된다.

_ 마르쿠스 아우렐리우스, 명상록

05

세상이 나를 미워하니 이는 내가 세상을 악하다고 증언하였기 때문이다.

_ 요한복음

06

여러분 저는 신의 명령에 복종할 것입니다. 숨을 쉬는 한, 역량이 닿는 한, 저는 지혜를 사랑하고 여러분에게 선을 권고하기를 그치지 않을 것입니다.

_ 소크라테스의 변론

07

신은 저를 마치 등에처럼 이 아테네에 달라붙어 있게 하여, 여러분을 깨어나게 하고 언제 어디서나 곁에 붙어서 설득하고 지적하기를 그치지 않게 하였다고 생각합니다.

_ 소크라테스의 변론

08

'하늘의 길'은 남는 곳에서 덜어서 부족한 곳을 보태 준다. '인간의 길'은 그렇지 않으니, 부족한 곳에서 덜어서 남는 곳을 돕는다. 남는 것이 있으면서도 '하늘의 길'을 받들어 취하는 자는 누구인가? 오직 도가 있는 자이다!

_윤홍식 역, 노자

09

'하늘의 그물'(天網)은 매우 넓어서 구멍이 큰 듯하나 놓치는 법이 없다.

_윤홍식 역, 노자

10

임금이 인자하면 인자하지 않을 사람이 없으며, 임금이 정의로우면 정의롭지 않을 사람이 없을 것이다!

_윤홍식 역, 맹자

11

'정치'란 나라의 구성원인 국민들 모두가 사는 보람을 충분히 느끼도록 나라를 '경영'하는 것이며, 그러한 경영이 제대로 효과를 발휘하기 위해서는 반드시 누구나 공감할 수밖에 없는 보편적 가치기준인 '양심'의 기반 위에 성립해야 한다고 봅니다.

12

일상에서 지켜야 할 생활윤리는 『사자소학』 한 권이면 충분하며, 인간이 자신을 계발하고 공동체와 조화를 이루는 최선의 길은 『대학』 한 권이면 충분합니다. 이 글들은 A4 몇 장밖에 되지 않는 분량입니다만, 평생을 써도 다 쓰지 못할 것들입니다.

13

@ 옛 성현들이 이 길을 걸으신 발자취가 고전으로 남아서 지금 우리의 앞길을 비춰 주듯이, 지금 우리가 이 길을 걷는 노정기는 뒤에 오는 사람들의 길잡이가 되어 줄 것입니다. 단순히 우리들만의 길이 아니니, 사명감을 가지고 힘을 내야겠죠!

14

조선시대 당쟁은, 서로 자신만이 군자당이고 다른 당은 소인당이라는 독선 때문에, 끝내 화합하지 못하고 당익을 위할 뿐 국익을 추구하지 않았습니다. 지금 이 시점이야말로 역사에서 배울 때입니다.

15

'믿음'이란 '무지'에 기반을 둡니다. 명확히 알면 믿고 말고를 따질 것이 없죠. 우리는 불확실한 것에 대해서만 "믿는다!"라는 말을 씁니다. 그러니 '참된 믿음'은 사실 '참된 앎'이자 '참된 깨달음'이죠.

16

'법'은 행위만 규율하기에, 법만 준수한다고 해서 온전히 정의롭다고 말할 수는 없습니다. 그러나 내면의 '양심'을 그대로 실천하는 행위는 정의롭지 않을 수 없습니다.

17

　　　　남과 나의 입장을 바꿔 생각해 보는 '역지사지'의 전문가들이 사회의 일선에 나가야 한다. 그래야 참다운 '민주주의', 즉 국민이 주인이 되는 세상이 열리는 것이다. 국민이 진정으로 사람대접 받는 세상, 그것이 바로 민주주의다.

_ 윤홍식, 대학 인간의 길을 열다

18

　　　　저 소인이 재화를 다스림에 유능하다고 하더라도, 만약 소인에게 국가를 다스리게 하면 온갖 재해가 함께 이르게 될 것이니, 비록 잘하는 부분이 있다고 하더라도 또한 어쩔 수가 없는 것이다.

_ 윤홍식 역, 대학

● **19**

우리가 역지사지의 '양심'을 지켜야 하는 이유. 첫째 양심은 모든 법의 근거인 '자연법'이기 때문이며, 둘째 법을 지키는 것이 나와 남 모두에게 이롭기 때문이다. 눈앞의 이익에 급급하여 양심(자연법)을 함부로 어기는 범법행위는 소탐대실일 뿐이다.

● **20**

"내가 당하기 싫은 일을 남에게 가하지 말자."라는 양심과 상식이야말로 정의의 참된 근거입니다. '이념'은 선악의 기준이 되지 못하며, 오직 그 자체로 선한 양심만이 선악의 기준이 될 수 있습니다. 이것이 어떠한 이념보다 양심과 상식이 더 귀한 이유입니다.

21

정치건 경제건 교육이건 근원적으로 '사람 간의 행위'일 뿐이니, "내가 당하기 싫은 일을 남에 하지 마라."라는 도덕률에서 벗어나지 않는다. 어떤 일이든 이를 따를 때만 '옳은 일'이 된다. 이를 무시하는 일체의 도발은 모두 '꼼수'일 뿐이다.

22

'자연법'(양심)은 '실정법'과 별도로 동서고금, 언제 어디서나 늘 타당하다. 이것이 『중용』에서 말하는 "천하에 두루 통하는 도리"(達道)이다.

23

　　　"내가 당하기 싫은 일을 남에게 가하지 말자."라는 자연법(양심)을 어기는 자는, 비록 실정법의 처벌은 면하더라도 반드시 안으로 양심의 '가책'과 밖으로 사람들의 '지탄'이라는 처벌을 받게 된다. 이것은 인간관계에 존재하는 불변의 법칙이다.

24

사상 체계의 제1덕목을 '진리'라고 한다면 '정의'는 사회 제도의 제1덕목이다. 이론이 아무리 정치하고 간명하다 할지라도 그것이 진리가 아니라면 배척되거나 수정되어야 하듯이, 법이나 제도가 아무리 효율적이고 정연하다 할지라도 그것이 정당하지 못하면 개선되거나 폐기되어야 한다.

_롤즈, 정의론, 서울대학교 철학사상연구소

25

자신의 전문 분야에서 최선을 다한 분들이, 주권을 가진 '국민'의 자격으로 자신의 분야에서 얻은 식견을 국민과 나누기 위해, 정치에 참여하여 국민의 이익을 대변해 줄 수 있는 사회, 이런 사회야말로 진정한 '자유민주주의' 사회일 것입니다.

● 26

　　　　　'정치'는 자신의 이익을 위해서라면 누구도 돌아보지 않는 소인배가 아니라, 국민 전체의 이익을 자신의 이익으로 여기는 대인배가 맡아야 한다.

● 27

　　　　　정치도 종교도 경제도, 우리 모두의 '행복'을 위해 존재합니다!

● 28

　　　　　@ 제 내면의 양심과, 인류에게 양심을 밝히는 법을 전해 주신 수많은 성현들이 제 스승입니다.

29

인류가 각종의 위기에 처한 것은, 인류의 영원한 법인 '양심에 새겨진 자연법'(도道)을 위배하였기 때문입니다. 결국 많은 사람들이 각성하여 양심의 법을 스스로 지키고 따를 때, 인류의 온갖 문제들은 자연히 해결될 것입니다.

30

본래의 의미에서 본다면 좌파, 진보는 '급진파'를 말하며, 우파, 보수는 '온건파'를 말합니다. 조직의 운영에는 반드시 두 부류가 다 필요하며, 그들이 양심적이고 진정으로 국익을 위할 때는 모두 환영받아야 옳습니다.

31

　　　　　진보나 보수라는 입장은 사안에 따라 얼마든지 달라질 수 있습니다. 그러나 '양심적'이어야 함은 불변입니다! 양심적으로 대아적 국익을 추구하는 '양심적 보수' '양심적 진보'가 넘쳐 날 때 우리 사회는 건강해질 것입니다.

32

　　　　　중요한 것은 진보냐 보수냐가 아니라, 양심적이냐 비양심적이냐 입니다. 진보건 보수건 '비양심적 소인배'는 국민의 이익이 아닌 자신의 이익만을 추구할 것이며, '양심적 대인배'는 진보건 보수건 늘 국민의 이익을 최우선으로 추구할 것입니다.

33

흔히 '자칭 보수'들이 비난을 받는 것은, 그들이 '국익'을 보전(保)하고 수호(守)하는 것이 아니라, 자신들의 '권력과 재산'만을 보수하려 했기 때문입니다. 그들은 본래적 의미의 보수가 아닙니다. 단순한 '소인배'일 뿐입니다.

34

사실 그들이 비판받는 이유는, '보수'라서가 아니라 '비양심적'이기 때문입니다. '진보'가 비판받는 부분도 동일합니다. 그들이 국민을 외면하고 '비양심적'으로 나올 때, 국민들은 여지없이 등을 돌려 왔습니다.

35

"내가 당하기 싫은 일을 남에게 가하지 말자."라는 양심대로 살아가다 보면, 어떤 때는 '보수'로 어떤 때는 '진보'로 어떤 때는 '회색분자'로 불릴 수도 있습니다. 그러나 이름은 중요한 것이 아닙니다. 중요한 것은 '양심'에 충실했는가 뿐입니다.

36

"내가 당하기 싫은 일을 남에게 가하지 말자."라는 양심을, 목숨을 걸고 지키는 것이 '진정한 보수'요, 나날이 새롭게 실천함이 '진정한 진보'입니다. 지키고자 하는 것이 양심이 아니고, 지향하는 것이 양심이 아니면, 모두 꼼수에 불과합니다.

37

선거의 결과에 대한 분석이 부정확하다면 미래도 뻔할 뿐입니다. 단순히 국민만을 탓해서는 곤란합니다. 그것은 전혀 새로운 변수가 아닙니다. 무엇보다 국민을 설득하지 못한, 스스로에게 책임을 물어야 합니다!

38

고객이 자신의 제품을 알아주지 못한다고, 고객의 안목만을 탓해서는 발전이 없습니다. 사실 고객의 안목은 크게 바뀐 것이 없습니다. 먼저 고객에게 더 다가가지 못하고, 더 감동을 주지 못한, 자신의 노력을 탓해야 합니다. 그래야만 희망찬 미래가 열릴 것입니다!

39

'처벌'은 본보기나 예방 효과 때문에 시행하는 것이 아닙니다. 가해자가 죄에 상응하는 처벌을 받는 것 자체가, 그 사회를 더 건강하게 하고 정의롭게 하기 때문에 시행하는 것입니다. 악이 정당한 처벌을 받지 않는다면, 사회 전체의 양심은 마비될 것입니다.

40

'처벌'의 목적은 단순한 복수나 예방이 아니라, 범죄에 상응하는 공정한 처벌을 가하여, 가해자의 마비된 양심을 회복시키고, 피해자 및 모든 관계자의 양심을 만족시켜, 정의를 구현하고 사회 전체의 양심을 건강하게 함에 있습니다.

41

이것이 진정한 복수이자 예방입니다. 이를 게을리 할 때 사회 전체의 양심은 마비되고 위축되어 범죄는 더욱 치성해질 것입니다. 단순히 범죄 예방을 위해 처벌하는 것이 아니라, 공정한 처벌로 정의가 늘 구현될 때 범죄가 절로 예방되는 것입니다.

42

범죄에 대해 공정한 처벌을 하는 것은 온 국민의 인권을 존중하는 것이며, 가해자의 인권만 존중하는 행위는 온 국민의 인권을 위협하는 행위입니다.

43

　　　　피해자의 가족이라고 생각하고 판결을 해 달라는 요구는 절대 감정적인 판결을 요구하는 것이 아닙니다. 피해의 정도를 정확히 역지사지하여 공정한 처벌을 해 달라는, 지극히 정당한 요구입니다.

44

　　　　백성은 약할지라도 힘으로 위협할 수 없으며, 어리석을지라도 잔꾀로 속일 수 없다. 그 마음을 얻으면 복종하고, 그 마음을 얻지 못하면 떠나 버린다. 떠나고 따르는 차이는 털끝만큼 아주 미세하다.

_ 정도전, 조선경국전

45

이념과 독선으로는 세상을 바로잡을 수 없습니다. 인간이면 거부할 수 없는 '양심'만이 모든 부패와 분열을 정화할 수 있습니다. 양심이 답입니다! 치열한 삶의 현장에서 묵묵히 양심을 실천하십시오. 오직 양심만이 새로운 시대를 열 수 있습니다.

46

'학문의 도'는 다른 것이 아니라, 오직 잃어버린 '본심'(양심)을 다시 찾는 것일 뿐이다!

_윤홍식 역, 맹자

47

'대학'의 건학이념은, 먼저 자신의 타고난 밝은 양심을 온전히 밝혀내고, 백성들 스스로 타고난 양심을 온전히 계발할 수 있도록 잘 도와서, 나와 남 모두가 양심을 남김없이 발휘하는 지극히 선한 경지에 이르게 하는 것에 있다.

_ 윤홍식 역, 대학

48

교육은 홍익인간의 이념 아래 모든 국민으로 하여금 인격을 도야하고 자주적 생활능력과 민주시민으로서 필요한 자질을 갖추게 함으로써 인간다운 삶을 영위하게 하고 민주국가의 발전과 인류공영의 이상을 실현하는 데에 이바지하게 함을 목적으로 한다.

_ 교육기본법 제2조

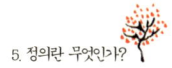

●49

인성교육은 어렵지 않습니다. 인간이면 누구나 '공감능력'(측은지심) '정의감·죄책감'(수오지심) '남과 맞추는 능력'(사양지심) '맞고 틀림의 판단능력'을 갖추고 있으니까요. 이 선천적 도덕능력이 잘 기능하게 돕는 것으로 충분합니다.

●50

사람이 이 세상에 태어나서 학문이 아니면 온전한 사람이 될 수 없다. 이른바 학문이란 것은 이상하고 별다른 물건이나 일이 아니다. 모두 일상생활에서 사안에 따라 각각 그 정당함을 얻는 것일 뿐이다.

_윤홍식 역, 이율곡, 격몽요결

51

학생들의 4단의 확충을 도와주는 손쉬운 인성교육의 방법은, 학생들에게 어떤 행위를 할 때마다 다음의 4가지를 꼭 묻게 해 주는 것입니다. 인성교육의 기준을 분명히 세워 주는 것으로서, 교사도 당연히 이 기준에 의거하여 학생들의 모범이 되어야 하겠죠.

52

① 나의 상대방은 지금 정확히 어떤 심정일까? ② 상대방의 입장에서 볼 때 상대방에게 부당한 피해가 간 것은 없는가? 양심에 걸리는 것은 없는가? ③ 상대방의 입장에서 볼 때 나의 행위가 무례하지는 않았는가? ④ 나의 정보나 결론이 명백히 옳은가? 아니면 뭔가 의심스러운가?

53

반드시 이 4가지 질문을 거친 후에 행위 할 수만 있다면, 인성교육의 뼈대는 절로 세워질 것입니다. 이것은 인간의 본성에 가장 부합하는 방식의 '인성교육론'이니까요. 이 4가지 질문은 인간의 '양심'을 자극하게 되어 있습니다. 그래서 각자의 양심을 스스로 확인하는 계기를 만들어 줄 것입니다.

54

@ 불성을 갖고 태어난 중생도 후천적 교육이 없이는 육도를 헤매듯이, 양심을 갖고 태어나도 체계적 인성교육이 없이는 인격자가 되기 힘들죠.

● 55

경전읽기(독서)로 양심을 배양하는 비결 : ① 독서에 마음을 챙겨 깨어있으며(양심의 각성), ② 성현의 의중을 바르게 역지사지하여 이해하며(측은지심의 확충), ③ 성현이 자명하게 이해한 부분을 나도 자명하게 이해해야 한다(시비지심의 확충).

● 56

'지혜'와 '지식'의 차이는 간단합니다. 체험에 의해 검증된 살아있는 정보는 '지혜'이며, 체험으로 검증되지 않은 죽어있는 정보는 '지식'입니다. 단순히 지식을 늘리는 것이 아니라, 지식을 지혜로 살아나게 하는 것이야말로 '참된 공부'일 것입니다.

57

　　　　어느 분야나 달인의 경지에 이르려면, ① 자신이 다루는 대상에 대해 물아일체로 몰입하여 진심으로 즐길 수 있어야 하며, ② 대상 자체가 지닌 자연스러운 결을 있는 그대로 꿰뚫어 볼 수 있어야 하며, ③ 대상을 다룸에 있어 필요한 기교를 모두 익혀 기술의 활용이 자유로워야 한다.

58

　　　　몰입은 신과의 합일이다. 신은 모든 신통의 근원이니 몰입은 신통을 일으키며 몰입의 달인은 신통자이다. 한 분야의 달인들은 신의 한 모습을 구현한 자들이다.

59

'창의성'이란 대상을 진심으로 사랑할 때에만 발휘됩니다. 우리는 사랑하지 않는 대상에 대해서 결코 창의적일 수 없습니다. 창의적이고 싶다면, 먼저 그 대상을 진심으로 사랑하십시오! 창의적인 생각이 꼬리에 꼬리를 물고 일어날 것입니다.

60

열정적으로 몰입하는 삶을 살고 싶다면, ① "하고 싶고"(흥미) ② "할 수 있고"(능력) ③ "해서 보람 있는"(공익적 가치) 일을 찾으십시오. 이 3가지 조건을 모두 충족하는 일만이 오래도록 몰입하며 만족스럽게 즐길 수 있는 일입니다.

● 61

"법 없이도 살 사람"이란, 실정법의 뿌리인 '자연법'(양심)을 잘 따르며 살기에 '실정법'이 따로 필요 없는 사람을 말합니다. "상식이 통하는 사회"에 살고 싶다면, 우리 스스로가 "법 없이 살 사람"이 될 수 있어야 하겠습니다.

● 62

진리를 모르고 백년을 사는 것보다는, 진리를 알고 사는 하루가 더 낫다. (붓다) 아침에 진리를 들으면 저녁에 죽어도 좋다. (공자)

63

인간은 부당한 것에 분노하는 '정의감'(수오지심)을 갖고 태어납니다. 그러니 계속 부당한 일을 저지르면서, 분노하지 말라고 하는 것은 말이 되지 않습니다. '훌륭한 정치'는 국민의 '정의감'을 최대한 자극하지 않는 정치입니다.

64

'회의'를 통해 모두가 만족하는 만장일치의 결론을 얻으려면, 회의 참가자는 2가지 자질을 갖춰야 합니다. ① 남의 입장을 잘 헤아려 설득할 수 있어야 하고, ② 합리적인 남의 의견에는 설득될 수 있어야 합니다.

65

『국부론』의 저자인 애덤 스미스는 인간의 '역지사지易地思之'의 양심을 '동감同感'(Sympathy)이라고 부르고, 이를 인간 삶의 모든 도덕적 기초로 보고자 했다. 현대 자본주의 경제학의 아버지인 애덤 스미스가 인간의 도덕道德 감정에 깊은 이해를 가진 철학자라는 사실은 그리 널리 알려져 있지 않다.

_ 윤홍식, 대학 인간의 길을 열다

66

애덤 스미스가 구상한 '시장주의'도 사실은 이러한 역지사지易地思之의 능력을 갖춘 "자신의 보다 더 나은 삶을 도모하는 자기애自己愛를 지닌 인간들이, 결코 남에게 피해가 가지 않는 선에서, '정의'에 기반을 두고 '복지'가 보장되는 사회체제 안에서 자유롭게 경제활동을 영위한다는 가정"에 기초하고 있다.

_ 윤홍식, 대학 인간의 길을 열다

67

나는 우리나라가 남의 것을 모방하는 나라가 되지 말고, 높고 새로운 문화의 근원이 되고 목표가 되고 모범이 되기를 원한다. 그래서 진정한 세계의 평화가 우리나라에서, 우리나라로 말미암아서 세계에 실현되기를 원한다.

_ 김구, 나의 소원

68

임시정부의 『대한민국건국강령』에서 기본 이념으로 삼았던 것은 바로 '삼균주의三均主義'이다. 이 '삼균주의'란 "개인 간에 민족 간에 나라 간에 정치와 경제와 교육을 균등均等히 하자."라는 이념으로, 그 최대 지향점을 '홍익인간과 이화세계理化世界'의 건설에 두고서, 이것이 우리 민족의 최대공리公理라고 선언하고 있다.

_ 윤홍식, 대학 인간의 길을 열다

69

이러한 우리 민족의 고유 사명을 깨달아, 우리의 손으로 다시 이 시기에 진정한 '인류의 사랑'을 실현하는 '도덕문명'을 구현하여야 할 것이다.

_ 윤홍식, 대학 인간의 길을 열다

70

매사에 "남과 입장을 바꿔서 생각하자."라는 '홍익인간'의 이념을 실천할 때, 우리 사회의 정치, 경제, 이념적 난제들은 모두 해결될 수 있다. 이것만이 우리의 유일한 답이다. 인류가 존재하는 한에는 언제나 통하는 이 유일한 해결책을 우리는 명심해야 할 것이다.

_ 윤홍식, 대학 인간의 길을 열다

양심의 자정작용

인간에게서 카르마법칙은
'복선화음°'으로 나타납니다.

그 원인은 양심 때문입니다.
"자신이 당하기 싫은 일을 남에게 가하지 마라!"라는
양심의 명령을 어기게 되면
곧장 죄책감이 일어납니다.

즉 양심에게는 양심의 회복을

◦ 복선화음福善禍淫 : 선하면 축복을 받고, 악하면 재앙을 당한다.

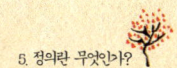

스스로 추구하는 자정작용이 있는 겁니다.
이 자정작용이 바로 복선화음의
카르마법칙입니다.
그러니 양심을 어기게 되면
반드시 그 반작용을 겪을 수밖에 없는 것입니다.
하늘의 그물이 성기지만
놓치는 법이 없다는
노자의 말이 바로 이것입니다.

진정한 끌어당김의 법칙

진정한 끌어당김의 법칙이란
뿌린 대로 거둔다는 것이며,
선한 일엔 선한 결과가 오고
악한 일엔 악한 결과가 온다는 것입니다.

긍정적 마음만 갖는다고
모든 일이 자신이 원하는 대로
긍정적으로 해결되는 것이 아닙니다.

긍정적인 마음을 갖는 것도
생각과 감정으로 짓는 업이니
당연히 중요합니다.

그러나 말과 행위로 짓는 업 또한 중요합니다.

이 모든 업의 총합이
우리가 뿌린 씨앗들입니다.
우리는 언제나 뿌린 대로 거두게 되어있습니다.

또한 아무리 긍정적인 마음으로
행한 일이라고 하더라도
그 일로 누군가가 피해를 봤다면
긍정적인 상황이 펼쳐질 수 없습니다.

우주에는 뿌린 대로 거두며,
양심에 합당할 때 긍정적인 결과가 온다는,
엄정한 끌어당김의 법칙이 있습니다.

양심을 위배하는 노력은
일시적으로는 긍정적인 결과를 가져오는 것 같으나
반드시 부정적인 결과로 귀결되게 됩니다.

그러니 뭔가를 욕망할 때는

깨어있는 마음으로
그 일이 양심에 자명한가부터 따져 봐야 하며,

양심에 자명하다면
생각과 감정과 말과 행위로
최선을 다해 올바른 노력을 해야 합니다.
자신이 노력한 만큼 끌어당길 수 있으니까요.

우리가 흔히 운이 좋다고 하는 것도
결국에는 자신이 지은 복덕을
적절한 시기에 꺼내어 쓰는 것일 뿐입니다.

쌓아 놓은 복덕이 다하면 운도 다하게 됩니다.
그러니 양심에 합당한 업을 짓고 또 지어서
무너지지 않을 복덕을 쌓는 것이
미래를 위해서 현명한 일입니다.

뿌린 대로 거두는 공식이 없다면
어떠한 노력도 아무런 쓸모가 없겠죠.
그야말로 모두의 일생은 복불복일 것입니다.

그러나 뿌린 대로 거두는 공식이 있기에
우리에게 희망이 있습니다.

이 공식만 정확히 따른다면
얼마든지 운명을 개척할 수 있으니까요.

이것은 참나가 지닌 공식이니
참나의 체험과 양심분석을 통해서
확인할 수 있습니다.

참나의 인과공식은 얼마든지
삶을 통해 실험할 수 있습니다.

우선 자신이 분석할 수 있는 삶의 영역에서
직접 그 인과의 작용이 엄정히 지켜지는지
양심분석을 통해 확인해 보십시오.

쉽게 관찰 가능한 영역에서
먼저 그 법칙성을 실험한 뒤에
그 너머로 확장해 나가시는 것이 옳을 것입니다.

이 공식대로라면
과거의 어떤 인과로 지금의 결과를 받았든지
지금 뿌리는 대로 미래가 정해지겠지요.

과거에 아무리 복덕을 많이 쌓았더라도
지금 이 순간 악을 거침없이 저지른다면
탕진은 시간문제이며,
과거에 아무리 악업을 많이 쌓았더라도
지금 이 순간 선을 쌓아 간다면
엄청난 복덕도 시간문제입니다.

그러니 이 공식을 체험적으로 확신하게 된다면
오직 지금 이 순간에 깨어있는 마음으로
양심을 따르는 것에 최선을 다할 뿐입니다.

이것이 모든 성현들의 주장이셨습니다.

확언할 수 있는 것은
양심을 따르는 삶을 살면 영성이 자라나며
양심을 위배하는 삶을 살면

영성이 후퇴한다는 것입니다.

부귀한 집에 태어나서 호의호식하는 것이
그 사람의 영적 성장에
꼭 도움이 되는 것이 아니듯이,
큰 불행은 더 큰 영적 도약을 위한
우주의 배려일 수도 있습니다.

저 또한 정신을 잃을 정도의 고통 속에서
더 큰 영적 성장을 하였던 경험이 있기에
이렇게 말씀드립니다.

우주의 큰 공식을 이해하는 큰 안목을 갖추고
자신의 삶이 주는 역경을
참나의 힘으로 양심적으로 이겨 낼 뿐입니다.
오직 그것만이 긍정적 미래를 열 것이니까요.

문제는 지금 이 순간
나는 그 역경을 어떻게 대처하고 있는가
하는 것입니다.

위에서 말씀드렸듯이
어디까지나 제가 실험해 본 결과이니
참고만 하십시오.

업력을 극복하는 비결

'업력'은 과거의 에고가 저지른 업보에
구속되는 힘이요,
'도력'은 지금 이 순간 참나에서
흘러나오는 자유자재한 힘입니다.

업력은 늘 과거의 습관에 구속되지만,
도력은 과거에서 자유롭기에
매 순간 가장 최선의 선택을 할 수 있습니다.

'에고의 업력'으로 살아가는 한
우리는 과거의 업보에서 자유로울 수 없습니다.
그러나 '참나의 도력'으로 살아갈 수 있다면

우리는 매 순간 새롭게 태어나서
과거의 습관에서 자유로울 수 있습니다.

'에고'는 과거의 습기에서 벗어날 수 없습니다.
오직 '참나'만이 시간성을 초월하여
과거의 습관에서 자유로울 수 있습니다.

지금 곧장 업력을 초월하십시오.
자신의 '이름'만 내려놓으면 됩니다.
자신의 이름을 잊고 "모른다!"라고 선언하십시오.
내면의 '순수한 존재감'인
'참나'에 곧장 접속하십시오.

이것이 매 순간 마음을 리셋하여
다시 태어나는 비결입니다.
그리고 이렇게 업력을 초월한 상태에서
생각하고 말하고 행동하십시오.

자신의 '이름'을 내려놓을 때
자신의 과거 업력도 내려놓아집니다.

과거에서 자유로울 때

우리는 지금 여기서 창조적인 업을 지을 수 있습니다.

과거에 끌려가서는 안 됩니다.

지금 이 순간 시간성을 초월하여

자신의 운명을 새롭게 창조할 수 있어야 합니다.

도력으로 업력을 극복할 수 있어야 합니다.

그래야 운명의 '주인공'이라 할 수 있습니다.

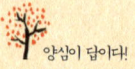

인성교육의 핵심

인성교육은 어려운 것이 아닙니다.

인간이면 누구나 ① 공감능력(측은지심),
② 정의감·죄책감(수오지심),
③ 남과 조화를 이루는 능력(사양지심),
④ 옳고 그름의 판단능력(시비지심)을
갖추고 있으니까요.

인성교육은 이 선천적 도덕능력이
제대로 기능할 수 있도록 돕는 것으로 충분합니다.

'도덕'은 인간이 억지로 만들어 내는 것이 아닙니다.

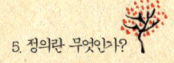

타고난 선천적 도덕능력을 드러낼 수 있을 뿐이죠.

인간이 본래 타고난 능력 이상의 도덕은
어차피 인간이 실천할 수 없는 것이고
실천할 필요도 없는 것입니다.

개가 하늘을 날 수 없고
날 필요도 없듯이 말입니다.

다음 4가지의 질문에
걸림이 없이 살아갈 수 있다면
우리는 인간으로서 최고로 도덕적일 수 있습니다.

이것이 인성교육의 핵심입니다.

① 나의 상대방은 지금 정확히
　　어떤 심정인지 헤아렸는가? (측은지심의 확충)

② 상대방의 입장에서 볼 때
　　상대방에게 부당한 피해가 간 것은 없는가?

양심에 걸리는 것은 없는가? (수오지심의 확충)

③ 상대방의 입장에서 볼 때
　나의 행위가 무례하지는 않았는가? (사양지심의 확충)

④ 나의 정보나 결론이 명백히 옳은가?
　아니면 뭔가 의심스러운가? (시비지심의 확충)

양심이 답이다!

 지금 우리가 이런 공부를 해야 하는 시대적인 의의가 뭘까 하는 것도 한번 말씀드리고 싶습니다. 요즘 '힐링'이란 것이 자주 이야기되고 있습니다. 그런데 단순히 내 몸과 내 마음 조금 편하게 하자는 힐링에 그쳐서는 곤란합니다. 물론 그런 것도 당연히 중요한 얘기지만, 사람은 사회 속에 존재하는 것이니 사회 전체도 힐링이 되어야 합니다.

 그렇다면 어떻게 해야 자신은 물론 사회 전체까지 온전하게 치유

◦ 2012년 8월 25일 대전 양심콘서트에서 '양심'을 주제로 이루어졌던 강의를 녹취한 것입니다.

할 수 있는가? 이런 거 다 궁금하실 내용이고 늘 관심 가지실 내용입니다. 이왕이면 내가 하는 노력이 사회까지도 바꿀 수 있도록 하는 게 맞잖아요. 나의 몸과 마음도 치유할 뿐만 아니라 사회까지 치유할 수 있는 건 뭐냐? 제가 나름대로 공부해 본 결론은 '양심'입니다. 그래서 저는 '힐링'을 주장하더라도 반드시 양심으로 하시라고 합니다.

왜 그러한가? 내 마음이 우울증이나 스트레스에 시달리고 힘들어 하는 것도, 결국 우리 마음이 습관적으로 균형을 잃고 치우쳐 있기 때문입니다. 그런데 잠시 명상으로 마음을 좀 편안하게 하고, 좋은 데 가서 잠시 기분을 좀 편안히 하는 것으로 근원적인 치유가 되겠습니까?

이게 몸이랑 똑같습니다. 몸도 여러 생활습관으로 인해 병들 때, 좀 쉬어 주면 어느 정도 회복은 되겠지만, 근원적인 습관이 고쳐지지 않으면 또 그 문제는 다시 시작될 겁니다. 그러니 마음에 있어서도, "과연 나는 내 마음을, 감정을 잘 쓰고 있나?" 이런 질문을 던져 봐야 합니다.

내 마음의 습관 중 어떤 것이 자꾸 감정과 인간관계를 꼬이게 합니다. 그런데 감정과 인간관계가 한번 꼬이게 되면 스트레스를 안 받을 수가 있나요? 내가 아무리 "모른다!"를 한다고 해도 문제의 근원이 살아있는데요. 근원적으로 그런 일이 안 생기게 막을 수는 없는지 따져 봐야 하지 않을까요? 사회도 똑같습니다.

제가 사학과 출신이라 역사를 공부해 봤지만, 역사책을 한번 보십시오. 가장 심각한 문제가 뭐냐 하면 결국에는 '감정문제'입니다. '욕망'도 감정문제의 하나죠. 조선의 사색당쟁도 결국 감정의 문제입니다. 일본과 한국도 지금 감정문제로 치닫고 있습니다. 감정 무시할 게 아닙니다. 희로애락이 한번 틀어지면, 안 일어날 전쟁도 일어나게 됩니다.

그래서 인간이 단체로 움직일 때도, 이 감정의 문제를 해결할 수 있느냐? 없느냐? 이 문제가 아주 중요합니다. 같은 조직 내에서나, 다른 조직과의 관계에서나, 모두 동일합니다. 이런 것이 역사에서 제일 중요합니다. 왜냐하면 인간은 감정적인 동물이기 때문이죠. 그래서 감정의 문제를 나 자신부터 올바르게 해결할 수 있느냐 하는 것을 화두로 삼으시라는 것입니다.

"나는 내 감정을 자연 그대로 균형에 맞게 쓰고 있어!"라고 자신

있게 말할 수 있는 분이 과반수가 넘을 때 한 나라나 지구에 평화가 오지, 다른 방법으로는 불가능하다는 겁니다. 왜 그렇게 말씀드릴 수 있느냐 하면, 제가 역사를 연구해 봤는데 만 년간 실현이 제대로 안 됐던 일입니다. 만 년간 안 됐던 일이 갑자기 될까요? 어떤 다른 변수가 투입돼야 변화가 일어나겠죠.

예전에 했던 방식으로 똑같이 선동해서 패거리를 지어서 이런 변화를 일으키려 해서는 안 됩니다. 물론 사람들이 단체로 모여서 조직을 만들면 일단 힘이 나긴 합니다. 카리스마 있는 사람이 리더를 하면 뭔가 될 것도 같고요. 그렇게 해서 또 뒤통수 맞고 뒤통수 맞고 한 게 역사책에 써진 것만 한 만 년 됩니다. 그런 일을 또 반복할 겁니까? 그것이 군주제든 민주제든 상관이 없습니다. 어차피 뒤통수를 맞았으니까요. 리더의 영성이 떨어지는 한에는 변화란 없을 겁니다.

군주제 때는 '세종' 같은 영성지능이 높은 명군이 나오는데, 민주제 땐 세종이 잘 안 나오잖아요. 이런 것도 이상하지 않습니까? '영성지능'이라고 현대에서 얘기하는데, '힐링'이 되려면 근원적으로 영성지능이 높아져야 합니다. 그래서 우주가 원하는 게 뭔지를 알아야 하고, 인간이 우주에서 어떻게 사는 것이 가장 자연스러운 모습인지 알아야 합니다. 그래야 우리가 자연과 균형을 맞출 수 있게 되고 탁월한 리더도 나올 수 있습니다. 세종대왕과 같은 영성지능이 높은 리더가 나와서 역사가 바뀔 수도 있는 것입니다.

우리는 '몸'에 대해서는 오히려 더 많이 알아요. 몸의 자연스러운 상태가 어떤 것인지, 또 건강을 해치는 것과 해치지 않는 것은 어떤 것인지 잘 압니다. 의학이 많이 연구한 게 있고, 많은 분들이 경험을 통해서 느끼는 게 많죠. 그런데 마음에 대해서는 더 캄캄합니다. 어떻게 내 마음을 써야 가장 자연과 조화를 이루고 건강하게 쓰는 걸까요? 여기서 영성지능이라는 게 나옵니다. 얼마 전에 TV에서 다루기도 했죠. 이 영성지능은 다중지능에서 말하는 인간친화지능하고는 좀 달라요.

인간관계를 잘한다는 '인간친화지능'이라는 게 있어요. 금방 남의 마음에 파고들어 친해지는 지능, 그건 사기꾼들도 강해요. 금방 친해져서 원하는 것을 빼 갑니다. 상대방이 뭘 좋아하는지 뭘 싫어하는지 금방 알아내죠. 남의 마음을 이용해서 사기 치는 것도 인간친화지능이 높은 이가 잘하겠죠. 반면 영성지능이라는 건 인간관계를 더 높은 시각에서 보는 겁니다. 남을 이용하려고 보는 게 아니라, "나와 남이 더 잘 살려면 어떻게 인간관계를 맺어야지?" 하는 관점에서 인간관계를 바라보는 지능이 바로 영성지능입니다.

사물을 볼 때, "우주와 내가 잘 지내려면 어떻게 살아야 하지?" 하는 그 근원적인 문제의식부터 가져야 합니다. 영성지능이 높으면 이런 고민을 잘합니다. 이런 고민 많이 하시는 분이 여기(강의장) 오셨을 거라고 봅니다. 세종처럼 영성지능이 높은 분들이 많아야 합니다. IQ 높으면 뭐합니까? 하버드 나와도 부끄러운 줄 모르고 막말을 합니다. IQ는 높은데 영성지능이 떨어지면 사기꾼만 나옵니다. 특히 다른 나라보다 머리가 좋은 한국인들은 이런 사실을 명심해야 합니다.

IQ도 좋고 영성지능도 높으면 당연히 큰 철학자가 나오고, 위대한 리더가 나오겠죠. 그래서 저는 IQ는 '재능'이고, 영성지능은 '덕'이라고 봅니다. 동양에서는 덕과 재능을 철저히 구별했어요. 『자치통감』에 보면, "재능은 큰데 덕이 없으면 '큰 악'을 저지른다."라고 나옵니다.

재능이 없으면 도둑질도 함부로 못하죠. 뭘 하려고 해도 머리가 잘 안 돌아가서 안 되는데, 재능이 많다 보면 사기를 쳐도 크게 칩니다. 국가 단위로도 칩니다. 그러니까 재능은 많은데 덕이 없는 경우는 남을 어마어마하게 해친다는 얘기죠. 반대로 덕이 높으면, 재능은 많으면 많을수록 더 좋죠. 덕으로 재능을 부려서 더 많은 사람을 도와줍니다. 이런 사람이 군자요, 보살입니다.

그래서 역사적으로 볼 때 우리가 얻을 수 있는 교훈은, 결국 영성지능을 회복하지 않고서는 인류에게 답이 없다는 것입니다. 이것을 역사는 매 순간 경고하고 있습니다. 그런데도 지금까지도 뚜렷한 대책을 안 세우고 그냥 그러려니, 어떻게 하다 보면 되겠지 하고, 모르쇠하고 계속 지내고 있어요. 그러다 보니 인류는 점점 더 최악으로 향해 가고 있습니다.

과거에 비해 물질문명은 엄청 발달했죠. 즉 '재주'는 더 좋아졌습니다. 그런데 '덕'은 더 떨어졌어요. 근대에 오면서 도덕 교육을 더 소홀히 했습니다. 왜냐하면 돈 벌고 성공하고 출세하는 데 방해되거든요. 도덕 교육이 양반·상놈 따지는 신분제와 관련되어 있다고 여겨서 도덕 교육은 되도록 줄였죠. 전 세계가 모두 그랬어요. 돈! 돈! 돈! 하고, 기술! 기술! 기술! 해서 여기까지 왔더니, 이젠 숨이 막힐 지경이 됐습니다. 사기는 기본이고 '묻지마 범죄' 같은 흉악한 범죄들이 활개를 치게 된 겁니다.

돈이면 뭐든지 얻을 수 있는 세상에, '덕'은 배운 것이 없으니 뭔 짓을 못하겠습니까? 우리 모두가 합심해서 그런 세상을 만들어 가고 있습니다. 자라는 애들한테도, "너는 성공만 해." "돈만 잘 벌면 최고다." "다른 것에 신경 쓰지 말고 너의 출세만 신경 써라." 이렇게 키웠다면 나중에 그게 어떻게 돌아오겠습니까? 키워 준 은혜도 모르고 부모를 버립니다. 부모를 돌볼 영성지능이 없거든요.

맹자가 인간의 '4단'(측은지심惻隱之心 · 수오지심羞惡之心 · 사양지심辭讓之心 · 시비지심是非之心) 즉 '인의예지의 마음'을 잘 기르면 천자 노릇도 할 수 있지만, 즉 천하 국민도 자신처럼 여겨서 사랑할 수가 있지만, 그 불씨(4단)를 배양하지 않으면 부모도 못 모실 것이라고 했습니다. 그 말이 딱 지금 상황과 같죠. 인간의 실존입니다. 부모도 못 모셔요. 내가 힘들면 못 모셔요.

힘든데도 모실 수 있으려면 '영성지능'이 높아야 해요. '덕'이 높아야 해요. 즉 '양심'이 더 살아있어야 합니다. 양심의 소리를 무시하지 못할 정도로 양심을 계발했어야 합니다. 양심의 계발 정도가 '영성지능'입니다. 그래서 영성지능이 높은 사람은 남한테 틀린 말도 못해요. 내가 찔리는데 틀린 말을 어떻게 해요? 남한테 해코지도 못해요. 남의 아픔이 느껴지는데요. 영성지능이 높다는 것은 양심의 소리를 잘 듣고 사는 것을 말합니다. 양심의 울림을 무시하지 못하는 사람이 영성지능이 높은 사람입니다. "내가 평소에 양심을 좀 무시하지 못하는데 사회 나갔더니 너무 힘들더라. 그래서 내 삶을 바꿔야 하겠다." 이러시면 안 됩니다.

사회가 온통 무법천지라고 나까지 법을 버리면, 사회는 더 불법이 횡행하게 될 뿐입니다. 다 같이 죽는 겁니다. 그래서 이 사회가 불법이 횡행한 지 오래됐고, 역사상 제대로 된 답이 나온 적도 없죠. 그렇다면 우리는 뭘 해야 하느냐? 제 제안은 조건 없이 법을 지키는 것을 너무나 즐기는 오타쿠가 되시라는 겁니다. 내 돈을 써가면서도, 법을 지키는 게 너무 재밌다 하는 분이 되시라는 겁니다. 나부터!

"난 양심을 지키는 것 외에는 관심이 없다." 하는 분들이, 동양에서 말하는 군자요 보살입니다. 그냥 법 지키는 게, 내 양심에도 맞고 우주도 원하는 것 같아서 하는 것일 뿐입니다. 부귀영화를 바라고 하는 것도 아닙니다. 아무래도 영성지능 높은 사람이 먼저 법을 지키게 돼 있습니다. 자신부터 양심을 지키고 법을 지키세요. "나는 양심에 당당하다." 그러면 발 뻗고 주무실 수 있고, 늘 마음에 걸림이 없으실 겁니다. 죄지은 게 없으니까요. 지구에서 나만이라도 우주와 균형을 이루며 살아야 하지 않습니까?

이런 분들이 늘어나서 전체의 50% 이상이 될 때 죄지은 사람을 압박할 수가 있고, 불법이 문제라는 것을 사회적으로 명확히 얘기할 수가 있고, 그것을 처벌할 수도 있는 힘도 생길 것입니다. 그러니 나부터 양심을 지켜야 합니다. 나 하나 빠져도 되겠지 해서 될 일이 아닙니다.

따라서 늘 지금 이 순간도 깨어있어야 합니다. "모른다!" "내 이름도 모른다!"라고 선언하시면서 깨어있으십시오. 내가 들고 있는 모든 것, 내 이름이라는 건 나의 모든 걸 상징하는데, 그것을 잠시 내려놓고, 물들지 않는 '나', 조금도 때 묻지 않은 '순수한 나'로 존재할 수 있는 분이라야 영성지능을 계발할 수 있어요. 그런 분만이 양심을 제대로 쓸 수가 있습니다. 그런 분들이 법을 먼저 지켜요. 양심의 우주적인 의미를 이해하기 때문에 말이죠.

왜 그래야 하느냐? 양심을 어기면 내가 찜찜하니까요. 남을 해코지하려면 먼저 내 마음이 안 좋아요. 마음이 안 좋은데도 불구하고 '욕심' 때문에 인간은 그런 짓을 합니다. 영성지능이 떨어지면 욕심 때문에 하지만, 영성지능이 높으면 욕심의 충족보다 마음이 찜찜해지는 게 더 싫어서 안 해요. 찜찜한 게 싫어서 안 합니다.

우주가 우리 몸을 건강하게 유지하라고 '통증'이라는 것을 줬습니다. 통증 때문에 우리는 몸의 건강을 유지해요. 아플 때 아프다는 신호를 보내 줘야 우리가 제때에 치료를 하니까요. 그런데 양심에다가는 무슨 신호를 줬냐면 '찜찜함'이란 신호를 줬어요. 불편하고 찜찜하실 겁니다. 지금 불편하고 찜찜한 게 하나도 없으면, 잘 살고 계신 겁니다. 우주에 당당하신 거예요.

맹자는 이 당당한 에너지를 '호연지기'라고 했습니다. 양심에 걸림이 없을 때 일어나는 탁 트인 에너지를 호연지기라고 합니다. 『맹자』를 보신 분들은 아실 텐데, 양심에 걸림이 없어서 탁 트인 우주적 에너지가 진짜 호연지기입니다.

누가 맹자에게 "호연기지 어떻게 기릅니까?"라고 하니까 맹자가 "평소에 '정의'를 쌓으면 생긴다."라고 했어요. 양심대로만 살아가면 호연지기는 절로 생긴다는 거죠. 그래서 이런 분들, 즉 양심이 안에서 꽉 차서 걸림이 없고, 잘 때 편하게 주무시고, 하늘을 우러러 당당하고, 죄를 지은 것이 없어서 찜찜한 게 없는 분들이 되셔야 합니다. 그러려고 명상과 힐링을 하는 것입니다.

이것이 시대적으로 엄청 중요하다는 것을 아셔야 합니다. 지금, 전 지구가 시끄럽죠. 유럽도 폭동 나고 난리가 아닙니다. 자본주의가 막다른 골목에 가고 있습니다. 여기서 자본주의를 없애느냐 살리느냐가 문제가 아닙니다. '양심의 회복'이 문제입니다. 양심만 회복하면 이 모든 문제를 풀 수 있습니다. 자본주의의 모든 문제도 단순히 제도의 문제가 아니에요. 인류가 힘든 것은 늘 양심이 없어서 힘든 겁니다. 그래서 양심을 회복하신 분들이 정말 많아져야 합니다. 특히 사회지도층이 말이죠. 양심을 회복하신 분들이 넘치는 사회가 진짜 민주주의입니다.

왜냐하면 아까도 제가 군주제 · 민주제를 잠깐 얘기했지만, 세종 같이 영성지능이 높은 리더가 군주제 때도 나오잖아요. 제도가 어떠한가 보다도 리더가 영성지능이 높으냐, 양심적이냐가 더 중요합니다. 영성지능이 높은 리더가 나오면 백성이 편해요. 백성이 대접받죠. 그러면 실질적으로 민주주의예요. '민民'이 주인이 되는 세상이 민주주의지, 지금처럼 "어, 네가 주인이니 와서 투표하고 가. 나머지는 우리가 다 알아서 할게." 이게 무슨 민주입니까? 기본적으로 국민을 우습게 아는데요.

그러니까 "고객이 왕입니다."라는 사탕발림과 다를 게 없어요. "고객이 왕입니다. 빨리 지갑에 있는 거 다 내놓고 가세요." 이런 말에 속지 마세요. 진짜 민주주의라면 여러분이 지금 최고의 서비스를 받고 있어야 해요. 정치는 서비스입니다. 백성이 돈을 지불하는 고객이고요. 그래서 고객이 왕인 세상이 민주주의예요.

"고객이 싫어하시는 것은 안 하겠습니다. 고객이 원하시는 것만 하겠습니다!" 이걸 정부가 이렇게 계속 얘기하지만, 진짜 이런 대우를 받고 있나요? 돈을 지불하고도, 이런 공적인 서비스를 못 받고 있다는 느낌이 들고 찜찜하시다면, 여러분의 양심이 화를 내고 있는 것입니다. 백성들의 민심(양심)이 모두 공통으로 반응할 때, 이것을 '하느님의 마음' 곧 '천심'이라고 합니다. "민심이 천심이다!"라는 표현은 이런 뜻이에요.

백성이 울컥하는 것은 하늘이 울컥하는 것이라는 겁니다. 백성이 화를 내면 하느님이 화냈다고 생각하고, 정부에서 빨리 서비스를 개선하라는 겁니다. 요게 군주시대 때도 다 있었던 논리인데, 지금 와서 이런 게 더 무시 받고 있지 않느냐 하는 겁니다. 시스템은 신분제도 없어지고 민주제로 왔는데요.

요즘 시대가 왜 진정한 민주사회가 덜 되는지 한번 생각해 보십시오. "의회 민주주의의 전제는 의회가 국민을 대표한다."라고 합니다. 이게 전제예요. 즉 "국회의원이 국민의 의사를 대변한다."라고 합니다. 그러려면 그 국회의원은 양심 덩어리여야 하는데, 이게 쉽지 않아요. 양심이 없다고 생각하면 국민의 의사를 대변하겠습니까? 국회의원만 되면 누릴 것이 얼마나 많은데요. 국회의원이라면 국민의 아픔을 당연히 생각해야 한다고 의회민주주의는 전제하고 있지만, 양심의 배양 없이 쉽게 그렇게 되지는 않는다는 겁니다.

사회주의가 인간에 대해 잘못된 전제를 내려서, "자본주의라는 시스템만 붕괴시키면 인간은 절로 선해질 것이다."라고 선언하고 사회주의를 실현해 보았더니 험하게 돌아갔죠. 더 무섭게 돌아갔어요. 마찬가지로 인간에 대해서 잘못 전제하고 들어가면, 우리의 미래가 보이질 않습니다.

그래서 제가 말씀드리고 싶은 것이 뭐냐? 제가 역사를 공부했고, 철학을 공부했고, 동서양 모든 경전을 공부했더니, 모든 철인들은 인류의 문제를 해결할 답으로 '양심의 회복'을 한목소리로 외치더라는 것입니다. 양심만 회복하면 이 사회는 절로 정화된다고 하시더라는 겁니다. 만약에 "이 얘기가 다 수긍은 된다만, 나는 지금 양심적이고 싶지 않다."라고 하신다면 그분은 악의 편을 드는 것과 같습니다. 선에 힘을 주지 않으면 악에 힘을 준 게 됩니다. 양심을 따르지 않는다는 것은, 지금 이 순간 누군가에게 피해를 주고 있다는 것과 같은 이야기이니까요.

자신부터 깨어나서 양심대로 먼저 내 가족과 동료한테 실천하신다면, 여러분은 우주변화의 주인공이 되실 것입니다. 나를 통해 인의예지의 마음이 이 땅에 퍼지게 될 것입니다. 이 마음의 근원은 무엇인가요? 양심 자리, 주인공 자리입니다. 거기는 하느님 자리예요.

하느님이 바로 지금 내 안에서 역사할 수 있게, 힘을 쓸 수 있게 할 수만 있다면, 여러분은 곧장 지금부터 펼쳐질 지구변화의 주체가 되는 것입니다.

그런데 나는 그냥 내 마음만 닦고 주변에 베풀지는 않겠다고 하시면, 불법자들을 도와주는 것과 똑같게 됩니다. 그럼 나가서 시위하자는 거냐? 그게 아니고요, 필요할 때는 그것도 해야겠지만, 그것보다 먼저 여러분 삶의 진짜 주인공을 찾아서 삶을 개혁해 보시라는 것입니다. 여러분이 계신 자리를 중심으로, 여러분이 변화의 주체가 되어 가정과 직장과 사회를 바꿔 보자는 것입니다. 지금 이 순간, 여러분 마음의 주인이 욕심인가요? 양심인가요? 욕심이 주인이 되지 않도록, 양심이 주인이 되도록 지금 노력하고 계신가요? 나부터 변해야 인류가 답이 나옵니다. 내가 모든 변화의 주인공이에요.

여러분 모두 내면에 '신성'이 있기 때문에 양심을 실천할 수 있잖아요. 여러분 자신이 내면의 신성을 끄집어내지 못하면 지구는 못 바꿉니다. 이해하시죠? 수많은 사람이 욕심에 정신이 팔려 있습니다. 그런데 신성의 힘으로 이 지구를 정화하려면, 신성의 힘을 쓰시는 분이 욕심에 빠진 이들보다 더 많아야 해요. 수적으로 우세해야 합니다. 과반수가 돼야 합니다.

그러면 지구는 정말 다른 차원으로 갑니다. 외부의 힘을 기대할 것도 없어요. 지금 우리가, 바로 우리가 할 수 있습니다. 뭐 부터요? "모른다!" 예요. "성함 모르시죠?" "이름을 몰라도 존재하시죠?" "그 자리에서는 뭐 바라는 게 없죠?" "이름도 모르는데 걱정과 근심이 있습니까?" 양심은 본래 바라는 게 없어요.

욕심은 이것 달라 저것 달라 하는데, 자신의 이름을 "몰라!" 하고 계시면 부족함이 없습니다. 편하죠. 부족한 것이 없어서 편해요. 그래서 뇌에서 좋은 호르몬들이 나옵니다. 행복 호르몬이 나와요. 그래서 몸과 마음이 치유가 됩니다. 우주가 원하는 걸 해 주기만 하면, 우주와 조화를 이루며 몸이 절로 건강해집니다.

우주가 원하지 않는 방향으로 몸을 혹사시키면 자연히 큰 병이 생깁니다. 이건 그냥 자연스러운 카르마 법칙입니다. 반대로 상황을 되돌리려면, 최대한 우주에 맞게 마음과 몸을 쓰면 됩니다. 그렇다면 우주는 뭘 원할까요? 바로 '인의예지'입니다. '사랑·정의·예절·지혜'가 그것이죠. 모든 성현이 한결같이 주장한 것이 바로 이것입니다.

우주는, 우주의 생명체들 간에 서로 둘로 보지 않는 '사랑'과, 남에

대한 배려인 '예절', 그리고 남한테 피해를 주지 않는 '정의'를 원합니다. "내가 당하기 싫은 일을 남에게 하지 마라." 이게 정의입니다. 그 다음 우주는 옳고 그름을 분명히 판정할 수 있는 '지혜'를 원합니다. 자명한 것을 자명하다고, 의심스러운 것은 의심스럽다고 명확히 판정할 수 있는 능력이 지혜입니다.

이 4가지 능력이 없으신 분이 있으실까요? 우주가 인간에게 듬뿍 준 능력이 바로 이것입니다. 인간은 모두 이 능력이 있어요. 잘 써보질 않아서 '불씨'로만 있을지는 몰라도, 여러분 내면에는 이러한 능력이 분명히 존재합니다.

여러분이 욕심에 휘말릴 때, "몰라!"를 선언하면 무슨 일이 일어날까요? 불쌍한 사람을 봐서 측은한 마음이 들다가도, "이 돈이면 내가 얼마나 호사를 누릴 수 있는데. 내 몸뚱이가 얼마나 편하게 지낼 수 있는데."라는 욕심이 일어나면 사랑이 끊어지는 게 사람이에요. 욕심이 강하면 양심이 밀려요.

우리 마음 안에서 계속 욕심과 양심이 싸우고 있습니다. 이때 양심한테 힘을 실어 줄 수 있는 비법이 하나 있어야 하겠죠. 양심이 없는 사람은 없으니, 양심이 없을까 걱정은 안 하셔도 되고요. 양심에

다 힘을 더 실어 주시려면 "모른다!"만 해 주세요. 내가 내 이름도 "몰라!"라고 하면 욕심이 힘을 잃어버려요.

욕심은 누구를 위합니까? 바로 '나'죠. 에고를 위하는 마음이 욕심인데, 에고가 "나는 내가 누군지 모르겠다."라고 해 버리면 욕심의 주체가 사라지잖아요. 여러분이 지금 "모른다!"라고 하시는 순간 내면을 들여다보십시오. 지금 모르시죠? 성함 모르시죠? 원하시는 게 없고요. 지금 이 주위 환경 자연하고도 둘이 아닙니다. 자연과 나를 가를 수 있나요? 내 이름도 모르고 "모른다!" 하고 있을 때, 우주랑 그대로 조화를 이룹니다.

그러면 여러분 몸에서는 어떤 일이 일어날까요? 자연스럽게 '균형'을 찾아갑니다. "모른다!"만 하고 계셔도, 여러분 몸이 균형을 찾아갑니다. 이해되십니까? 이상한 짓을 안 하니까요. 여러분의 몸이 한 나라라고 할 때, 에고는 폭군이라고 생각하시면 돼요. 폭군이 잠시 해외로 나가면 국민들이 좋아서 난리가 납니다. 괴롭히는 사람이 없어졌으니까요. 지금 여러분 에고는 주로 여러분 몸을 괴롭히는 데 머리를 쓰고 있을 겁니다. 잠시만 쉬어 보자는 겁니다. "몰라!" 하고 말이죠. 그리고 몸의 반응을 보세요. 몸이 좋아서 난리가 납니다. 에너지 서로 주고받고, 기혈이 뻥뻥 뚫립니다. "모른다!"만 하고 있어도요.

우리는 몸이 자신의 소유라고 여기고 살지만, 사실 우리 몸뚱이를 운영하는 것은 우주입니다. 우리는 병을 일으키는 법도 몰라요. 그런데 우리 몸은 정확히 공식대로 움직입니다. 병을 낫게 하는 법도 모르지만 알아서 낫죠. 건강해지는 것도 우리가 맘대로 하는 것이 아닙니다. 자연의 법칙이 주관하는 것이니까요.

우리는 건강해지는 어떤 원인을 짓고, 건강이 나빠지는 원인을 지을 수는 있지만, 건강의 기준이나 실질적인 변화는 우주가 운영하는 것입니다. 그래서 우주에서 그냥 주어진 것을 잘 연구해 봐야 합니다. 자연이 내가 어떻게 하기를 원하는지를 잘 이해하셔야 합니다.

"모른다!"만 하고 있으면 몸뿐만 아니라, 마음도 절로 균형을 찾게 됩니다. 희로애락으로 치우친 마음이 절로 균형을 찾게 돼요. 희로애락의 주체인 '에고'가 약해지니까, 자연히 자연의 조화를 따르게 됩니다.

우주는 일단 "모른다!" 하고 욕심을 내려놓기를 원해요. 에고가 힘을 좀 빼고 살기를 원해요. "내려놓고 살아라!"라고 쉽게 말들은

하는데 내려놓는 법이 어렵죠. 그런데 "모른다!"만 하면 뭐든지 쉽게 내려놓을 수 있습니다. 이름을 모르는데 뭘 들고 계시겠습니까? 그러면 몸만 살아나는 게 아니라 양심도 살아납니다. 지금 내 이름도 모르고 존재하는데, 내 욕심이 진정될 수밖에 없겠죠. 그러면 무슨 일이 일어날까요? 사랑이 더 강해지고 정의감이 강해지고 예절이 강해지고 지혜가 강해집니다.

명상을 하다 보면 잘 아실 겁니다. 마음이 조금만 평화로워져도 보는 주변의 모든 사물이 아름답고, 남을 보면 도와주고 싶고 그럽니다. 명상의 기운이 가시기 전까지는. 그런데 그 기운 딱 가시면 남이 됩니다. 신기하죠. 왜냐? 명상하시는 동안은 좋은 호르몬들이 나오고 뇌가 건강하게 작동해서, 나와 남을 둘로 보지 않는 마음이 만들어져요. 신기하죠. 우리가 만드는 게 아니라 우주가 그냥 그렇게 만들어요.

명상하고 계시면 좋은 호르몬이 나와서 몸도 건강해져요. 학자들이 여러 실험을 통해 확인해 본 겁니다. 이제 자연이 뭘 원한다는 것도 아시겠죠? 자연대로 살아야 건강하게 주변과 조화를 이루며 살 수 있습니다. '인의예지' 지키고 살면 욕먹을 일이 없습니다.

우리가 남을 비방할 때 무슨 명분을 드나요? "쟤는 개념이 없어(지혜의 부족). 무례해(예절의 부족). 배려라곤 몰라(사랑의 부족). 쟤는 염치가 없어(정의의 부족). 쟤는 믿을 수 없어(성실의 부족)." 여러분 남을 욕할 때 모두 '인의예지신'을 써서 욕합니다. 사실 여러분들은 인의예지를 잘 알고 계세요. 남 욕할 때 보면 다 성인·군자거든요. 인의예지의 오차를 0.001mm까지 다 재실 수 있어요. "그때 말을 그렇게 하는 게 아니지." 하고 정확히 지적하실 수 있어요. 이러고도 인의예지를 모른다고는 못 하시겠죠.

그러면 뭐가 양심에 맞지 않는지 다 알고 계시다는 겁니다. 그런데 왜 먼저 안 하시나요? 우린 먼저는 안 해요. 그렇죠? 남에게 당한 건 잘 알아요. 왜냐하면 에고의 욕심은 "나에게 이로운가? 해로운가?"만을 따집니다. 나한테 이로운지 해로운지는 귀신같이 따져요. 그런데 양심은 "모두에게 이로운가? 해로운가?"만을 따집니다. 관점이 달라요. 그러니까 제가 양심을 저버리고 여러분에게 피해를 주면, 여러분의 욕심은 그냥 금방 알아차려요.

"어, 저 친구가 나한테 피해를 주네."라고 그냥 알아요. 그러니까 남한테 당할 땐 알 수밖에 없어요. 그런데 먼저 하려면 양심이 필요하기 때문에 못 해요. 욕심으로는 못 해요. 나한테 손해가 될 것 같거든요. 그러니까 안 해요. 이해되십니까? 남을 지적하는 것은 영성지능이 낮아도 욕심으로 할 수도 있지만, 자신이 먼저 양심을 실천하려면 영성지능이 높아야 합니다.

그래서 우리는 남한테는 4단을 칼같이 재지만, 자기는 절대로 먼저 실천하지 않는 삶을 삽니다. 다 같이 이렇게 살아요. 그러고도 이 정도 살면 잘 사는 거 같기도 합니다. 저는 지구가 이렇게 돌아가고 있다는 게 신기합니다. 더 큰일 안 일어나는 것만 해도, 내면에서 '양심'이 엄청나게 잡아 주고 있다고 확신합니다. 그걸 아셔야 합니다. 양심이, 하느님이 엄청나게 도와주시고 잡아 주시니까 이 정도로 사는 겁니다.

상대방의 마음에서 양심이 잡아 주고 있기에, 우리에게 사기를 덜 치고 있다는 걸 아셔야 합니다. 양심에 찔리니까 사기 좀 덜 치고 사는 것입니다. 양심이 없었다면 상상할 수도 없는 일이 속출했을 것입니다. 우리가 남한테 싫은 소리 하기 싫고, 또 그런 소리 듣기 싫어서, 조금씩 참는 그 힘으로 인류가 이만큼 살고 있다고 보시면 됩니다. 그렇지 않았다면, 폭동 났을 때처럼 다들 흉기 들고 뛰어다닐지도 몰라요. 욕심이 양심을 누르면 무슨 짓을 할지 모르죠.

길을 가다가 마음에 드는 것을 보면, 주인도 안 보이고 뭐도 안 보이고, 그 물건과 나만 보이다가 그 물건을 그냥 집어오게 되는, 이런 무아지경에 들어가 버릴 수도 있어요. 욕심의 삼매, 욕심이 만들어 낸 일념이라고 할 수 있죠. 우리가 그렇게 안 살고 있는 것만 해도 다행입니다. 양심이 잡아 줘서 거기까지 안 가는 겁니다. 그러니 양심에 조금만 힘을 실어 주시면, 인류도 바뀌지 않겠습니까?

인류의 양심을 밝힐 거대한 희망의 싹이, 우리나라에서 우리 힘으로 태어난다면 좋지 않습니까? 제 소원은 양심을 회복하는 운동이 세계 어디보다 우리나라에서 일어났으면 하는 것입니다. 전 인류한테 "이런 식으로 살아가자!"라고 얘기할 수 있는 거대한 문화운동이 일어나길 바랍니다. 우리 국민 한 명 한 명이, 외국인이 찾아왔을 때 인의예지대로 살아야 사람이 된다는 이야기를 당당하게 할 수 있기를 바랍니다.

재밌는 것이, 이번에 서울 성곽을 정비한다고 합니다. 서울 성곽이 '인의예지'로 되어있는 거 아시죠? 동쪽은 '흥인지문興仁之門'이죠. 즉 사랑을 일으키라는 문이고요. 서쪽은 '돈의문敦義門', 즉 정의를 돈독하게 하라는 문이고요. 남대문은요? '숭례문崇禮門'이죠. 예절을 숭상하라는 문이죠. 북대문은 인의예지를 안 따르고 '숙정문肅靖門'

이라고 했죠. 그래서 뒤에 북쪽에 문을 내면서 '홍지문弘智門'이라고 했습니다. 즉 지혜를 넓히라는 문이죠. 가운데 '보신각普信閣'이 4문에 종소리를 울리며 버티고 있는데, 두루 신뢰를 주라는 뜻입니다. '인의예지신'이 서울에 딱 박혀 있습니다. 이런 것을 잘 알고 삶의 지침으로 삼아야 하지 않겠습니까?

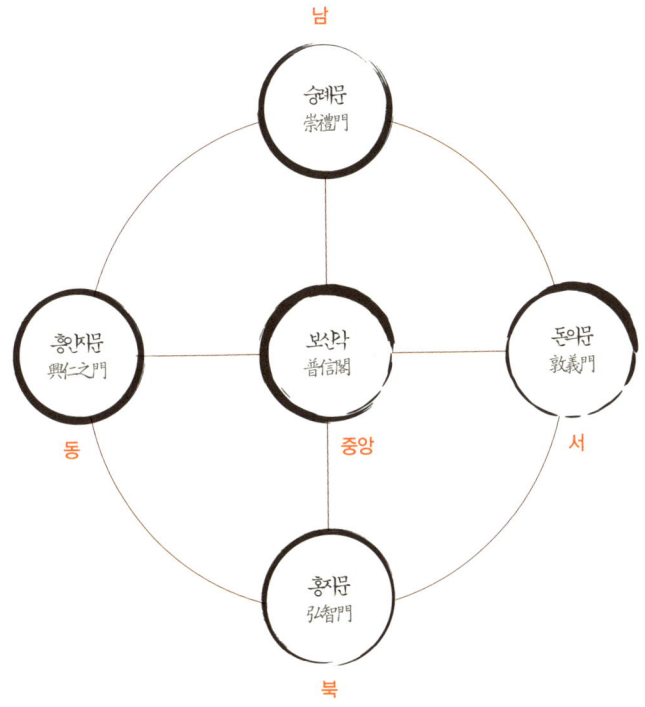

| 서울에 새긴 인의예지신 |

서울로 관광 오신 분들께, "우리 도시에는 '양심'이 새겨져 있습니다, '인의예지'가 새겨져 있습니다."라고 말할 수 있기를 바랍니다. 거기서 더 나아가 인의예지의 실천방법까지 전해 줄 수 있으면 더욱 좋겠죠.

이름을 모르고 존재하는 것은, 양심을 배양하는 토대가 됩니다. 나와 남을 구별하고 있지 않은 상태도 '사랑'(仁)입니다. 인의 씨알이에요. 밖으로 표현되기 전의 사랑입니다. 순수한 마음인 참나의 차원에서는 나와 남을 구별하지 않아요. 이것이 사랑의 본질이죠. 거기에 남한테 해코지하려 드는 게 있나요? 없어요. 그래서 정의롭습니다. 참나는 '정의' 그 자체예요.

'지혜'라는 건 의심스러움이 없이 자명한 것이죠. "모른다!"를 하고 계시면 어느 때보다 자명하실 겁니다. 정신은 너무 선명하고 어떠한 의심도 없는 상태죠. 이게 우리가 뭔가를 알았을 때의 자명한 상태와 같잖아요. 우리 참나는 본래 의심스러운 것이 없고 자명합니다. 그것이 지혜의 핵심입니다. '예절'은요? 예절이라는 것은 겸손하고 조화로운 것인데, 남하고 나를 맞추고 서로 조화를 추구하는 것이죠. 나와 남이 하나로 통하는 참나 상태에서는, 애초에 불협화음이라는 게 없습니다.

참나 상태에선 이렇게 '인의예지의 씨알'이 꽉 차 있는데, 에고가 한 생각을 내서 남한테 말을 하고 행동을 하면 인의예지가 왜 틀어질까요? '욕심' 때문이죠. 이렇게 가르쳐 줄 수 있어야 합니다.

여기서 욕심을 이겨내고 참나·양심을 끝까지 관철해서, 남에게 말하고 행동할 때도 인의예지에 맞게 하시려면, 먼저 나의 언행이 인의예지에 맞는지 잘 따져 보셔야 합니다. (인의예지의 각 질문 항목은 『양심잠良心箴』의 항목들을 참고하세요.) 인의예지의 각 항목들을 다 따지기 귀찮으시면, 이것만이라도 따져 보십시오 "자명한가? 찜찜한가?" 양심에 찜찜하지 않고 자명할 때만 말하고 행동하세요. 이걸로 충분합니다.

"내가 당하기 싫은 일을 남한테 하지 마라." 이 한마디를 충실히 따르시는 것으로 설명할 수도 있습니다. 이 한마디면 족합니다. 내가 당하기 싫은 일을 남한테 하게 되면 어떨까요? 얼마나 찜찜할까요? 이 찜찜한 상황만 피하시라는 겁니다. 늘 "모른다!"라고 하면서 찜찜하게 살지 않으신다면, 여러분 양심은 제대로 작동하기 시작합니다.

그러면 여러분의 삶이 바뀌고, 여러분의 가정이 바뀔 것입니다.

제가 장담하건대, 여러분의 가장 친한 가족으로부터 뭔가 말이 나올 겁니다. "엄마가 달라졌어." "아빠가 달라졌어." "당신이 달라졌어." 이런 말이 나옵니다. 자기 주변인한테 인정받을 정도로 여러분의 삶을 변화시킨다는 것, 이것이야말로 진정한 기적입니다.

주변 분들에게 도움을 주는 삶을 사세요. 그러면 여러분은 당당한 홍익인간의 전사입니다. 보따리를 싸서 밖으로만 나가려고 하지 마세요. 자신이 속한 가정과 직장부터 챙기세요. 하느님이 왜 그곳에 있게 하셨겠습니까? 그 가정에? 그 직장에? 내가 받은 소명이 거기에 있는 거죠. 그 사람들 먼저 돌보라는 것입니다.

내가 있는 곳에서, "나도 깨치고 남도 깨치게 하자." 이렇게 하는 것이 바로 '양심힐링'입니다. 나부터 양심으로 치유하고 나아가 남도 치유해 주고, 모두가 마음의 의사가 되자는 것입니다. 이런 분들이 많아지면, 우리나라 기질에 세계에 안 나갈까요? 전 세계 나가서 이 좋은 힐링을 하고 다닐 겁니다. 지금 세계에서 난다 긴다 하는 성자들이 많습니다만, 지구가 치유되나요? 안 돼요. 그런 식의 힐링으로는 근본적인 답이 안 나옵니다.

우리 식처럼 양심에 기반을 둔 힐링이라야, 전 인류에게 실질적인 도움이 됩니다. 얼마든지 전 인류적으로 할 수 있어요. 양심 없는 사람은 없으니까요. 이미 갖고 있는 것을 계발하기만 하면 되니 얼마나 쉽습니까? 이번에 싸이가 유튜브 조회 수로 엄청난 수가 나오는 것을 보니, 한국이 참으로 저력이 있다고 느껴집니다. 한국은 그런 힘을 갖고 있어요. 무엇보다 남의 마음을 읽어 내고 맞춰 주는 힘을 갖고 있어요. 이 재능을 잘 활용한다면 위대한 군자와 보살이 될 수 있습니다.

문제는 '덕'입니다. 덕만 갖추면 됩니다. 재능만 좋아서는 잘못되기 쉬워요. 반대로 영성지능은 높은데 재능이 없어도 문제죠. 마치 요리 실력이 엄청난데 재료가 하나도 없는 것과 같아서 좋은 요리가 나오기 힘들어요. 그런데 우리를 보면 재능은 충분해요. 우리나라 사람들의 IQ는 전 세계에서 제일 좋은 편입니다. 여기에 영성지능만 갖추어지면 무섭게 지구를 바꿀 겁니다. 전 세계로 부지런히 다니면서 보살행을 하실 겁니다. 그래서 과거에 우리나라에서 새 시대 문화의 원형이 나온다는 예언들이 나왔지 않나 합니다.

"모른다!"를 어떻게 쓰셔야 하는지, 그것으로 어떻게 나와 가정과 사회를 힐링할 수 있는지를 주제로 간단하게 말씀드렸습니다. 참고하십시오. 무엇보다 자신부터 쓰셔야 합니다. 자기도 닦이지 않았으면서 남부터 지적하려고 덤비는 것이야말로 비양심적인 일이니까요.

저는 이런 양심힐링법을 정신계의 스마트폰이라고 부르고 싶습니다. 이 영적인 제품을 쓰셔야 해요. 안 쓰시면 답이 없습니다. 이것을 쓰시는 분이 많아지면 지구는 정신문명 사회로 갑니다. 왜 제가 일부러 '제품'이라는 표현을 쓰냐 하면, 우리는 물질문명의 제품이 출시된다고 하면 줄 서서 기다렸다 삽니다. 못 사서 안달이에요. 이게 물질문명에서의 극치입니다.

정신문명으로 인류가 발전해야 한다면, 정신문명의 제품을 스마트폰보다 더 좋아하고 즐겨야 합니다. 쓰고 싶어 해야 하고 그걸 썼더니 삶이 좋아지더라는 체험이, 이런 스마트폰 쓰는 것보다 더해야 해요. 어떤 문화도 재미있어야 퍼지지 재미가 없는데 퍼지겠습니까?

영적인 제품을 쉽게 쓰고 자꾸 서로 권해야, 우리 인류가 더 좋은 삶으로 나가게 될 것입니다. 그래야 인류가 정신문명 사회로 갑니다. 수련이 아주 고행이 되어서 어렵다면 누가 하겠습니까? 지구가 망할 때까지, 영원히 지구의 한 0.0001%나 하다 가겠죠. 그렇게 해서는 안 됩니다. 전 인류가 이걸 쉽게 쓸 수 있어야 합니다. 그러니까 이 양심힐링법이 스마트폰보다 훨씬 더 유용하다, 써 보면 끝내준다고 느끼는 분이 많아져야 합니다. 그래야 지구문명이 변합니다.

여러분들, 정신계의 스마트폰을 꼭 써 보십시오. 일단 "모른다!"라고 하시면 최신 스마트폰을 사실 수 있어요. 그 다음에 '양심분석'을 생각하시고 '양심'을 생각하시면 스마트폰을 잘 쓰실 수 있습니다.

배터리 문제는 '호흡법'을 통해서 계속 용량을 키워 가시면 됩니다. 올바른 호흡은 심신의 에너지를 잘 충전시켜 주죠. 이것만 잘 쓰시면 됩니다. 일단 여러분들이 잘 쓰셔야 합니다. 물질문명을 진작시킨다고 한번 생각해 보세요. 스마트폰 쓰기 운동. 이런 물질문명 보급운동을 일으키겠죠. "제발 써라. 왜 정신으로만 해결하려고 하느냐, 물질로 해결하자." 그렇게 해서 사람들이 좋아서 쓰다 보면 물질문명이 발전합니다.

정신문명을 일으키고 싶으면 똑같이 해야 합니다. 물질문명보다 더 쓰기 편하고 간단하고 유용한 제품들이 나와서 쉽게 쓸 수 있어야 합니다. 그리고 애용자들이 많아지고 상품평이 많이 나오고 서로 좋아서 공유하고 서로 권해 주면 끝나요.

더구나 이 정신적인 제품은 여러분이 본래 갖고 계신 '양심'을 잘 활용하는 것을 도울 뿐이기에 돈이 들지 않습니다. 그래서 제가 중요 강의들을 무료로 올립니다. 돈이 없어서 못 배우고 못 쓰는 사태는 막아야죠. 제가 세상에서 제일 보람으로 여기는 것은 이 좋은 제품을 널리 퍼트리고 공유하는 것이지, 이걸로 한몫 챙기는 것이 아니거든요.

양심에 찔려서 그런 짓을 어떻게 하겠습니까? 우리는 이런 일을 할 정도의 자금만 있으면 됩니다. 계속 지속적으로 전 세계에 이 힐링법을 알릴 수 있는 힘만 있으면 돼요. 우리가 버티면서 이 짓을 계속하다 보면 언젠가는 전 지구가 모두 이 제품을 쓰고 있겠죠. 전국에서, 전 세계에서. 그러다 보면 지구가 바뀔 겁니다.

교주 노릇이나 하려고, 돈 좀 벌어 보려고 이걸 하는 게 아닙니다. 제가 써 보니 너무 좋아서 인류가 모두 이걸 다 쓰셨으면 해서 권할 뿐입니다. 예전 성현들도 바로 이 마음이셨을 것이라 확신합니다. 이 제품을 써서 정신문명 사회만 되면, 앞으로 전쟁도 사라지고, 온갖 범죄도 차차 사라지게 될 겁니다. 최소한 확연히 줄어들 겁니다.

우리도 이런 인류의 잘못에 책임이 있습니다. 남의 일로 보지 마

시고, 양심을 무시하고 욕심대로 사는 나도 책임이 있다고 여기시고, 먼저 자신부터 마음을 빨리 정화하세요. 그래도 내 말을 듣는 것은 나 자신밖에 없잖습니까? 내 몸과 마음을 통해 양심이 세상으로 뻗어 나가게 하세요. 그런 분이 군자요, 보살입니다.

세상 탓을 하고 남을 지적하고 다니는 분 중에 오히려 양심을 무시하는 사람 많습니다. 그런 사람은 양심 잘 안 지켜요. 양심의 진정한 힘을 잘 몰라요. 그러면 저는 "아, 같이 못 하겠습니다."라고 할 수밖에 없습니다. 양심의 힘을 진정으로 믿지 않는 분과 양심을 논하기 힘들잖아요. 저는 자신부터 돌아보는 사람을 중시합니다. 그게 더 양심적이니까요. 남을 욕하는 것은 욕심으로도 합니다만, 자신을 돌아보는 것은 양심이 아니면 안 되거든요. 남 욕하는 사람은 만 년 전부터 지금까지 지구에 넘쳤어요. 그런 분들은 실속이 없기가 쉬워요. 그렇죠?

지금 실질적으로 무엇을 해야 할지도 알았고, 우리 수중에 제품도 쥐어졌으면, 부지런히 애용하셔서 이게 아주 신통한 물건이고 유용하더라는 것만 널리 알려 주시기만 하면 됩니다. 지구인이 다 같이 이것을 쓰면 우리의 일은 완수될 것입니다. 전쟁을 일으킬 수가 없어요. 상대방 나라 국민의 마음이 생생히 느껴지는데 어떻게 전쟁을 일으킵니까? 그 마음이 없으니까 일으키죠. 욕심이 더 강하니까. 예, 여기까지 마치겠습니다. 제 말씀이 여러분 내면에 생생히 살아 있는 '양심'을 조금이라도 자극했기를 바랍니다.

유튜브(YouTube): 윤홍식의 즉문즉설(양심이 답이다)

양심계발 5단계 프로그램

1단계 : 깨어나라!

'양심'이란 것은 인위적으로
만들어지는 마음이 아닙니다.
우리의 내면에 존재하는 가장 순수한 마음일 뿐입니다.

그러니 양심적인 삶을 살고자 한다면,
무엇보다 언제 어디서나 자신의 마음을
'초기화'할 수 있어야 합니다.

'마음챙김의 4종 기법'을 통해
① 들이쉬고 ② 내쉬는 호흡을 알아차리며,

③ "모른다!" ④ "괜찮다!"를
마음을 '리셋reset'하여 초기화할 수만 있다면,
언제 어디서나 우리 내면에서 밝게 빛나고 있는
'양심'을 각성하고 회복할 수 있습니다.

2단계 : 충전하라!

'양심'은 '올바른 기운'과 짝이 되며,
'욕심'은 '객쩍은 기운'과 짝이 됩니다.

그래서 '양심'을 지키면 '올바른 기운'이 샘솟으며,
올바른 기운으로 온몸을 충전시키면
순수한 참마음인 양심이 절로 솟아나게 됩니다.

'올바른 기운'이 샘솟게 되면
이 몸뚱이만을 자신으로 여기는
'에고의 마음'은 사그라지고,
전 우주를 나와 둘로 보지 않는
'참나의 마음'은 솟구칩니다.

"모른다!" "괜찮다!"로 마음을 초기화하면서
고요히 자신의 들이쉬고 내쉬는 숨결만을 알아차리면,
우리의 온몸은 '올바른 기운'으로 충만해지게 됩니다.

이 '올바른 기운'은
고요한 중에는
우리가 '양심'과 하나가 될 수 있도록 도와주며,
바쁜 일상생활 중에는 우리가 '양심'을
밀고 나갈 수 있도록 지지해 줄 것입니다.

3단계 : 통찰하라!

'양심'은 본래 지혜롭습니다.
억지로 지혜로워지고자 애쓸 필요가 없습니다.
다만 마음을 초기화하여 순수하게 하고
호흡을 통해 올바른 에너지를 충만하게 해 주면 됩니다.

초기화된 '순수한 마음'은 무엇이 옳은지,
무엇이 그른지 자명하게 압니다.
이를 '시비지심 是非之心'이라고 합니다.

'5가지 양심' 중 '시비지심'을 확충해 주기만 하면
우리는 절로 지혜로워질 수 있습니다.
'시비지심'은 '체험과 개념'이 결합된
'자명自明'한 것만을 옳다고 여깁니다.

'체험'만 있거나, '개념'만 있어서
자명하지 않은 것들에 대해서,
'양심'은 찜찜해하며 의혹을 제기합니다.
양심이 만족하는 '자명한 것'만을 진리로 인정하면
우리는 절로 지혜로워질 것입니다.

4단계 : 실천하라!

'양심'은 본래 정의롭습니다.
양심은 정의가 무엇인지 분명히 알고 있습니다.
우리의 의식은 이해하지 못할지라도
내면의 양심은 정의와 불의를 자명하게 판단합니다.

그래서 남을 해롭게 하는 정의롭지 못한 일을 보면,
본능적으로 부끄러워하거나 미워하고 분노하는

'수오지심羞惡之心'이 발현됩니다.

그러니 억지로 정의롭고자 애쓸 필요가 없습니다.
다만, 마음을 초기화하여 순수하게 하고
호흡을 통해 올바른 에너지를 충만하게 해 주면 됩니다.

'양심'은 정의·불의를 본능적으로 판단하여
정의롭지 못한 것을 부끄러워하고 미워할 것입니다.
늘 마음을 초기화하여 '양심'에 주의를 기울이고,
양심이 '수오지심'을 일으키지 않도록 살기만 하면
우리는 절로 정의로워질 것입니다.

또한 '양심'이란 조화를 이루는 마음입니다.
그래서 자연스럽게 '사양지심辭讓之心'이 발현됩니다.

순수한 마음인 양심은 우주적 진리와도 조화를 이루며,
다른 사람과도 조화를 이루고,
주어진 상황과도 조화를 이룹니다.

억지로 상황을 받아들이려고 노력할 필요가 없습니다.

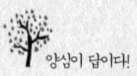

자신의 마음을 초기화하기만 하면 됩니다.
마음을 '리셋reset'하여 초기화할 수만 있다면,

조화를 이루는 양심이 발현되어
받아들여야 할 진리를 흔쾌히 수용하고,
처한 상황과 남의 입장을 진심으로 수용할 수 있습니다.

5단계 : 사랑하라!

'양심'은 본래 '사랑' 그 자체입니다.
양심은 온 우주를 하나로 보는 '우주의식'과
하나로 통하는 마음이기에,
언제나 나와 남을 가르지 않습니다.

그래서 나와 남을 하나로 보고
남의 아픔을 자신의 아픔처럼 함께 느끼는,
'측은지심惻隱之心'이 발현됩니다.

우리는 누구나 이 마음을 지니고 있습니다.
그러니 억지로 사랑하려고 애쓸 필요가 없습니다.

다만, 마음을 초기화하여 순수하게 하고
호흡을 통해 올바른 에너지를 충만하게 해 주면 됩니다.

순수한 마음인 '양심'이 우리의 내면에서 회복되기만 하면,
절로 나와 남을 하나로 여길 것입니다.

자신의 이익만을 추구하는
'에고의 마음'은 절로 옅어지며
나와 남의 공통의 이익을 추구하게 될 것입니다.
이것이 바로 우리 겨레의 숙원인
'홍익인간弘益人間'의 실현입니다.

유튜브(YouTube) : 양심이 답이다(분당여성회 인문학 강의)

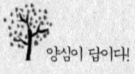

양심노트

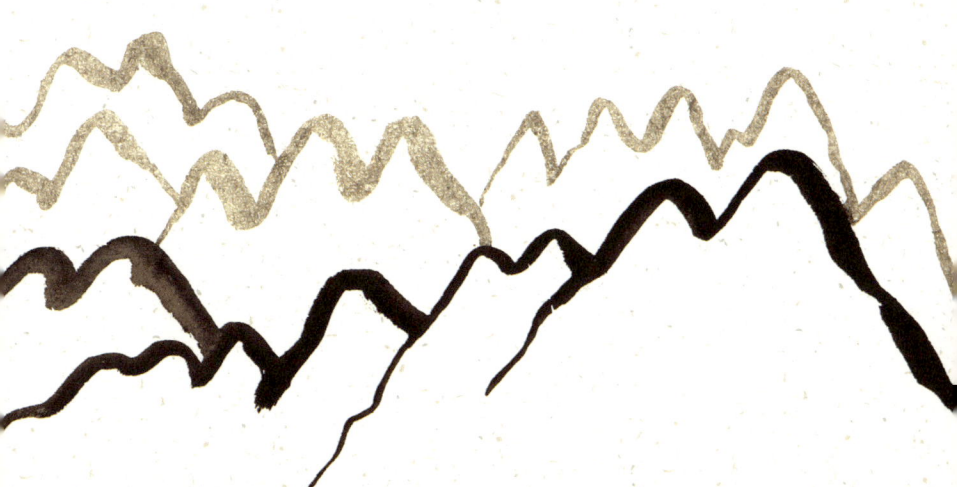

| 년　월　일 | 양심노트° |

사안 |

몰입 | 지금 이 순간 깨어있는가?

　　　당시에는 깨어있었는가?

사랑 | 상대방의 입장을 내 입장처럼 진심으로 이해하고 배려했는가?

정의 | 내가 당하기 싫은 일을 상대방에게 가하지는 않았는가?

예절 | 처한 상황을 있는 그대로 진심으로 수용했는가?

　　　생각과 언행이 겸손하며 상황과 조화를 이루었는가?

성실 | 양심의 인도를 따르는 데 최선의 노력을 기울였는가?

지혜 | 나의 선택과 판단은 찜찜함 없이 자명한가?

최종
결론 |

○ 네이버 카페 홍익학당(www.hihd.co.kr)에서는 양심노트 파일을 무료로 제공해드리고 있으며, 본 카페에 소개된 홈페이지(http://hihd.cafe24.com)에서 노트 형태로 제작한 양심노트를 구입하실 수 있습니다.

윤홍식

동서양 인문학의 핵심을 참신하면서도 알기 쉽게 유튜브를 통해 전 세계에 알리고 있는 인기 있는 젊은 철학자이다. 2,000여 개의 인문학 강의 조회 수는 2,000만을 돌파하였다. 연세대학교 사학과 및 동 대학원 철학과를 졸업한 후 홍익학당과 출판사 봉황동래를 운영하고 있으며, 고전콘서트·양심콘서트·양심캠프 등을 열고 있다. 삼성, LG 등 일반기업과 법무부, 중소기업 진흥청, 우정청 등 공공기관에서 고전을 통한 윤리교육과 양심리더십 교육을 맡았다. 또 KBS, EBS, BBS 등 방송 매체에서도 활발하게 활동 중이다. WBS원음방송에서는 "정신을 개벽하자" 특강 시리즈를 강의하였다. 다양한 강의를 통해 양심리더십과 몰입의 해법을 전하고 있으며, 국민 전체의 인성교육을 위하여 『양심노트』를 만들어 보급하고 있다. 저서로는 『대학, 인간의 길을 열다』 『이것이 인문학이다』 『논어, 양심을 밝히는 길』(살림지식총서) 『내 안의 창조성을 깨우는 몰입』 『노자, 무위경영의 지혜』 『인성교육, 인문학에서 답을 얻다』 『산상수훈 인문학』 등이 있다.

양심이 답이다

풀어쓴 이 윤홍식
초판발행 2013년 11월 1일
4쇄발행 2017년 3월 1일
펴낸곳 봉황동래
펴낸이 윤홍식
출판등록 제313-2005-00038호
등록일자 2005년 3월 10일
주소 서울 마포구 마포대로 86, 522호(도화동, 창강빌딩)
전화 02-322-2522
팩스 02-322-2523
ISBN 978-89-94950-01-3(03100)
값 18,000원

디자인은 엔드디자인이 꾸몄습니다.
책값은 더 좋은 책을 만드는 데 사용됩니다.

이 책이 나오는 데 적극적으로 후원해 주신 〈강정희 고마운 곽연주 권영현 김교숙 김선옥 김인규 김형진 문귀남 박성희 박주현 백정숙 성우경 송홍종 박수연 윤성민 안수호 안정미 안현 양문규 양선아 양원용 윤모로 윤형식 윤희근 이강순 이샛별 이선복 이승진 이종원 임계수 장성현 정동기 정우준 정재홍 정종실 정지석 조승구 주태랑 하정만 최성우 하나 한승환 허주연 황금중 이순복 황보정 황보영희〉님과 그 밖에도 익명으로 후원을 해 주신 많은 분들께 진심으로 감사드립니다.